アイディアの7つ道具

実戦
マーケティング
思考

Logical Thinking — Imagination

マーケティング脳トレーナー
MBA＆中小企業診断士
佐藤義典

日本能率協会マネジメントセンター

はじめに

　本書を手にとっていただき、ありがとうございます。

「もっと売れる発想ができたら……」
「これはいい、とクライアントにほめられる販促企画を出したい」
「お客様に喜んでもらえる商品の企画をつくれたら……」

　こんな悩みをお持ちのビジネスパーソンは少なくないと思います。私もそうでした。
　そんな方に朗報です。
　売れる発想や質の高い思考ができる、というのは後天的に学べるスキルです。本書はその成果を出すためのスキルを体系化した本です。
　本書を一言で言うと「**論理思考とイメージ発想の両方をフル活用して結果を出すスキル**」を体系化した本です。論理思考の本もアイディア発想の本も多く出ていますが、論理思考とイメージ発想を「やりとり」して考える方法を体系化しています。さらにその具体的な使い方にまで踏みこんだ、世界でも類を見ない試みです。成果をあげるためには深い論理思考と幅広いイメージ発想の両方が必要です。その両方のスキルを身につけ、「結果が出せる」マーケターになるための本です。

生まれつき色々なアイディアが出せたり、深く考え抜かれた企画が出せる人というのはいません。幅広く発想できる、深みのある思考ができる、というのは才能ではなく、「技術」なのです。

　もちろん得手不得手はありますが、芸術家として身を立てるのではなく、**ビジネスで結果を出す**、ということでしたら、誰にでもできます。今は「アイディア人間」と呼ばれる方達も、育ってきたプロセスのどこかでそれを意識的・無意識に学習したのです。

　10年以上も前のことです。オフィスで私の前の席に座っていた方がアイディアマンで、その方から色々な企画やアイディアが湯水のごとくあふれ出るのが私は羨ましくてしょうがありませんでした。私もいつかはそうなりたいと思い、色々と試行錯誤した結果、そこそこはできるようになりました。本書は、私が十数年かけて手探りでつかんだスキルを体系化・言語化し、すぐ使えるようにまとめた、珠玉のノウハウの結集です。

　私は週２回、売れるアイディアなどをメルマガ（「売れたま！」）として、約２万人のマーケターや経営者の方々に週２回欠かさず配信しています。

　一番よくいただくコメントが、「よくこんなにアイディアが出てきますよね。佐藤さんってアイディアマンですよね」です。そう言っていただけるのは嬉しいのですが、それに対して私は、「いえ、違いますよ。思考法・発想法の体系的なスキルを持っているだけです」と答えます。

すると次に聞かれるのが、「ではそれはどのようなスキルなのですか？」という質問です。それに対する回答が本書です。

深みのある思考・広がりのある発想は誰にでもできます。そして、そのスキルは一生モノです。使えば使うほど磨かれます。

営業担当の方、商品開発の方、広告を考える方には、自分を差別化する強力な武器になります。
広告代理店の営業やプランナーの方々にとっては、このスキルがあればクライアントからご指名で相談が来るでしょう。
起業家の方々にとっては、自分の事業のタネを具体化し、潜在顧客や株主に提案しやすくなります。
制作会社・印刷会社の営業の方々は、これがあれば価格競争から脱却しやすくなります。

本書を手にとられたあなたは、結果が出せるマーケターへの一歩を既に踏み出しています。本書を読み終えたとき、あなたは使いやすく、キレる道具を手にしたことを実感されるでしょう。

はじめに ……………………………………………………… 3

本書の使い方 …………………………………… 15
考えることは後天的な「スキル」 ………………… 15
「考え方」を考えよう：自分はどう「思考」し、どう「発想」しているのか？ ……………………………………… 16
- 「考え方」を考える …………………………… 16
- 自分の考え方の「クセ」を知る ……………… 17
「論理思考」と「イメージ発想」 ………………… 17
- 論理思考とイメージ発想 ……………………… 17
- マーケティングにおける論理思考とイメージ発想 …… 19
- 論理とイメージの「やりとり」で両者のいいところどり …………………………… 21
キーワードは「具体性」と「一貫性」 …………… 22
- 具体性はイメージ発想で、一貫性は論理思考で …… 24
7つの思考・発想スキル ………………………… 25

第1章 論理スキル1：要素分解

1 要素分解とは …………………………………… 30
1 モレなくダブりなく …………………………… 30
- 明確な基準で分ける …………………………… 34
2 グルーピングとレベル合わせ ………………… 35
- グルーピング …………………………………… 37
- レベル合わせ …………………………………… 38
3 一貫性を保って構造化 ………………………… 40

CONTENTS

- 上→下か、下→上か？ …………………………………… 44

2　要素分解の切り口 ………………………………… 45

1　構造 ………………………………………………… 45
- 地理的な構造……………………………………………… 46
- 人の構造…………………………………………………… 46

2　四則演算 …………………………………………… 51
- 複雑な計算は不要………………………………………… 53

3　経験則のフレームワーク ………………………… 54
- 経営戦略のフレームワーク……………………………… 55
- マーケティングのフレームワーク……………………… 55
- 統合戦略フレームワーク：戦略BASiCS ……………… 56
- 最終的には自分で論理モデルを作れるようになろう… 59
- ポイントは切り口の選び方……………………………… 60
- どこまで分解するのか？………………………………… 61

第2章　イメージスキル1：静止画イメージ

1　静止画イメージとは ………………………………… 64

2　お客様の絵を描いてみよう ………………………… 65

1　お客様を「絵」で具体化しよう…………………… 66
- BtoBの場合 ……………………………………………… 68
- イメージの具体性は「知識レベル」のチェック……… 69
- イメージが事実かどうかは確認しよう………………… 70
- イメージスキルは鍛えられる！………………………… 70

2　お客様の絵を描くメリット ………………………… 71

- イメージの確認・共有化……………………………………… 71
- イメージを具体化すれば具体的なアイディアが出る … 72

3　論理とイメージのやりとり………………………………… 73
- 要素分解から静止画イメージへ……………………………… 73
- 静止画イメージから要素分解へ……………………………… 74
- 「要素分解」をイメージで表す ……………………………… 75

3　利用場面の絵を描いてみよう……………… 77

1　ベネフィットは利用場面で実現される ………………… 77
2　利用場面の絵を描いてみよう……………………………… 79
3　利用場面が描けなかったら見せてもらおう …… 81
- 静止画ライブラリーを増やそう……………………………… 81
- お客様知識のチェックになる………………………………… 82

4　利用場面は「人×TPO」 …………………………… 83
5　利用場面と要素分解：ホールプロダクト ……… 87
- お客様にとっては商品は「部分」でしかない………… 87
- 利用場面と「要素分解」 ……………………………………… 88
- ホールプロダクトは「人」によって違う……………… 89

6　論理とイメージのやりとり………………………………… 90
7　利用場面の絵を描くメリット…………………………… 94
- 伝えやすく、伝わりやすい…………………………………… 94
- アイディアが広がる……………………………………………… 95
- 顧客ニーズによりよく応えられる………………………… 96

4　論理とイメージのやりとりのポイント… 97

1　論理思考とイメージ発想はアタマを切り替える … 98
2　イメージ発想は論理思考で検証する ……………… 98
3　イメージ発想で論理思考を膨らませる ……………… 99

CONTENTS

- 論理思考は必ずしも論理だけで終わらない …………… 100
5 **成功事例** ………………………………………… 101

第3章 イメージスキル2：つぶやきイメージ

1 **つぶやきイメージとは** …………………… 106
- お客様の「心のつぶやき」………………………… 106

2 **「ベネフィット」をお客様の「つぶやき」で考えよう！** ………… 108
1 主語をお客様にする ………………………… 108
2 お客様が使う言葉を使う …………………… 110

3 **「つぶやき」でお客様をセグメンテーションしよう！** ………… 112
1 人によって言葉遣いが違う！ ……………… 112
2 「つぶやき」＝「ニーズ」でセグメンテーションをする！ ………… 114

4 **強み・差別化も「心のつぶやき」で考えよう！** ………… 117
1 論理思考とイメージ発想のやりとり：強み・差別化を「要素分解」に戻す ………… 119

5 **つぶやきの言葉がわからなかったら、聞いてみよう、話してみよう！** ………… 121
- お客様を知っているかどうかのチェックになる ………… 121

| 6 | つぶやき発想のメリット ……………… 123
　1　「理論」を「具体化」できる ……………… 123
　2　社内で的確なメッセージとして共有しやすい …… 124
　3　広告や営業トークで、より「刺さる」メッセージが出せる … 125
| 7 | 静止画イメージ＋つぶやきイメージ … 126
　・絵とつぶやきの組み合わせでセグメンテーション …… 129

第4章　◀▶ イメージスキル3：動画イメージ

| 1 | 動画イメージとは ……………………………… 132

| 2 | 巻き戻しと早送り ……………………………… 133
　1　**動画イメージのやり方** ……………………… 133
　　・巻き戻し ……………………………………… 134
　　・早送りも同じ ………………………………… 136
　　・イメージ発想をしたら、事実を確認しよう ……… 137
　2　**動画イメージができなかったら……** ……… 138
　　・もし巻き戻し、早送りができなかったら …… 138
　　・私が動画イメージができるようになったきっかけ …… 140

| 3 | 動画イメージのメリット ……………………… 141

| 4 | イメージ発想のトレーニング方法 …… 143
　　・イメージを蓄積して録画ライブラリーを増やす ……… 143
　　・自分の生活場面を「録画」する …………………… 144
　　・録画ライブラリーの蓄積は個人の「独自資源」になる … 147

CONTENTS

第5章 論理スキル2：プロセス分解

1 マインドフローとは …… 151
- モレてはいけないからこそ論理的に検証する………… 154
- カスタマージャーニー：お客様を「ガイド」する…… 155

2 論理とイメージのやりとり：マインドフローとイメージスキル …… 156

1 マインドフロー×静止画イメージ …… 157
- 「認知」「興味」の静止画 …… 159
- 「興味」「行動」の静止画 …… 160
- 「比較」「購買」の静止画 …… 160
- 「利用」「愛情」の静止画 …… 162

2 マインドフロー×つぶやきイメージ …… 163
- 「認知」「興味」のつぶやきイメージ …… 163
- 「興味」「行動」のつぶやきイメージ …… 165
- 「比較」「購買」のつぶやきイメージ …… 166
- 「利用」「愛情」のつぶやきイメージ …… 167

3 要素分解・フレームワークでモレを確認 …… 169
- プロセス分解で動画イメージが行いやすくなる …… 170

4 理想型から考える …… 171

3 媒体間の「ガイド」とイメージスキル …… 173

1 マインドフローの各関門を担う媒体は異なる …… 173
2 媒体間のガイドと「イメージスキル」 …… 174
3 BtoBでも同様に使える …… 178

第6章 論理×イメージ1：モーフォロジカル・アプローチ

- 体系的なアイディア発想法：モーフォロジカル・アプローチ … 182

1 モーフォロジカル・アプローチとは … 183
- 要素分解して再構築 … 183

1 ステップ1：テーマを要素分解する … 185
- テーマを5～6の要素に論理分解する … 185
- 缶コーヒーの新商品コンセプト … 185

2 ステップ2：要素内のアイディアを具体化する … 190
- 要素別に具体的なアイディアを発想する … 190
- 缶コーヒーの新商品コンセプト … 190
- 静止画イメージ、動画イメージで発想していく … 191
- つぶやきイメージで発想していく … 194

3 ステップ3：要素間を眺めてアイディアを伸ばす … 195
- 他の要素の中身を見ながらアイディアを増やしていく … 195
- 缶コーヒーの新商品コンセプト … 196

4 ステップ4：全体をモレ・ダブりなく構造化 … 200
- 論理スキル：「グルーピングとレベル合わせ」をする … 200
- 缶コーヒーの新商品コンセプト … 200

5 ステップ5：組み合わせる … 205
- 各要素を柔軟に組み合わせてアイディアを具体化する … 205
- 缶コーヒーの新商品コンセプト … 205
- ありそうで無かった組み合わせを探す … 207
- 論理スキル×イメージスキルでアタマの使い方を切り替える … 210
- 論理的一貫性を確認する … 210
- 静止画イメージ、つぶやきイメージで具体性を確認する … 211

CONTENTS

- これでダメなら前のステップに戻る ················ 212
- 6 チームでの進め方 ································ 213
- **2 モーフォロジカル・アプローチのメリット** ··· 214
  - 1 誰でもアイディアが出せる ····················· 214
  - 2 チームでやるとチーム内の意思統一ができる ····· 215
  - 3 論理的一貫性と肌感覚的具体性の両立 ············ 215
- **3 モーフォロジカル・アプローチの切り口** ··· 216
  - 1 要素分解の切り口次第で色々な用途に使える ··· 216
    - ステップ1の切り口の論理性 ················ 216
    - 用途提案の切り口 ···························· 217
    - 販促テーマの切り口 ·························· 219
    - 広告・DMの切り口 ··························· 220
    - 論理とイメージの相互補完 ················ 222

第7章
③ 論理×イメージ：数値化＆グラフ

- 戦略における「数字」の重要性 ······················ 224
- **1 論理思考：数字で「思考」する** ············ 225
  - 「数値化」して数字で考える ····················· 225
  - 1 大抵のことは「数値化」できる ·················· 226
  - 2 数字のコミュニケーション力 ···················· 228
    - 日本が千人の村だったら ······················ 228
  - 3 数字から考える ································· 231
    - 数字から「発想」する ························· 231
  - 4 数値化のメリット ······························· 233

- 定量・定性を繰り返して本質に迫る･･････････････････ 233
- 数値化すると比較可能になる･･････････････････････ 235
- 意思決定がしやすくなる･･････････････････････････ 235
- 数値化を試みると必要なデータがわかる･･･････････ 236

2 イメージ発想：グラフで「発想」する … 237

1 グラフ化して「イメージ発想」をする ･･････････ 237
- グラフ化すると「目」でわかる･･････････････････ 237
- 数値を視覚化してイメージ発想をする･･･････････ 239

2 考えるグラフと魅せるグラフ ･･････････････････ 241

3 代表的なグラフ ･･････････････････････････････ 242

1 折れ線グラフ・棒グラフ ･････････････････････ 243
- 折れ線グラフは経年変化、棒グラフは違うものの比較 … 243

2 円グラフ・％棒グラフ ･･････････････････････ 246

3 散布図 ････････････････････････････････････ 248
- 2つの軸をイメージで表現できる･････････････････ 248
- 要素分解をグラフ化･････････････････････････････ 250

4 面積グラフ ･･････････････････････････････ 253

まとめ：7つの思考スキル・発想スキル ････････････ 258
おわりに ･･････････････････････････････････････ 260
　「考え方」を「考える」 ･･････････････････････････ 260
　重要なのは論理スキルとイメージスキルの「やりとり」 ･･････262
　感度の高いアンテナを持ち、ライブラリーを蓄積する･････ 263
　最終的には「自分の7つ道具」を！ ･････････････････ 264
　今後の参考資料････････････････････････････････ 265
　思考力・発想力は天からの贈り物････････････････ 266

本書の使い方

考えることは後天的な「スキル」

　私の本職は、マーケティングのコンサルティングです。コンサルティングの場でお客様から非常によくいただく質問は、

「どうすればそういう考え方ができるんでしょうか？」
「佐藤さんはどのように考えているんですか？」

です。確かに、私がコンサルタントとしてお客様先にずっと居続けることはできませんから、お客様の思考力・発想力を高めることは大事なことです。

　今は自然にできるのですが、私は昔から決して独創的なアイディアマンではなく、むしろ発想力に乏しい人間でした。
　それが、いつの間にか色々なアイディアが出る、他人とは違う発想ができるようになっていたのです。ということは、何らかの**スキルを身につければ、誰でも「考える」こと**ができるようになる、ということです。
　それで、あるとき「自分はどう考えているんだろう？」と、自分の「考え方を考えて」みました。
　そこでわかったのが、ある種の「パターン」の存在です。自分のアタマの働きを観察した結果、特定のパターンに沿って動

いているときに、独創的かつ論理的説得力の高いアイディアが出せる、ということがわかりました。

そのパターンを「7つの思考・発想スキル」としてまとめたのが本書です。このスキルはどんな仕事でも使えると思いますが、本書では、「マーケティング」をメインテーマとして話を進めていきます。ただ、ここで言うマーケティングは広い意味で、「売る」ことに関わること、くらいの定義です。

・営業・販売
・商品企画・商品開発
・広告宣伝、販促、プロモーション
・リサーチ
・HP制作・DM制作

などの仕事で汎用的に使えるスキルです。

「考え方」を考えよう：
自分はどう「思考」し、どう「発想」しているのか？

「考え方」を考える

ある課題を与えられたとき（例えば「これはどうしたら売れるのか」「このCMで売れるのか」など）、反射的に何らかの考えや答えが出てくると思います。その「何らかの考え」が出てくるときには、あなたのアタマが何らかの「考え方」に基づい

て考えています。その「考え方」について考えてみることが本書の大きな目的の1つです。

「無くて七癖」と言われるように、「考え方」にも「クセ」があります。順序・プロセスを踏んできっちりきっちり考えていく人もいれば、遊んでいるように見えながらいきなり独創的なアイディアを出す人もいます。

自分の考え方の「クセ」を知る
考え方にうまい下手はあっても、良い悪いはありません。ただ、自分がどんな考え方をしがちなのか、その傾向を知っておくと、そこからさらに思考を深めやすく、広げやすくなります。

誰にでも得手不得手はあります。自分にはどういう傾向があり、どんな考え方に頼りがちなのか、がわかれば、どんなスキルを身につければ、自分の思考力・発想力がさらに高まるかがわかりますよね。自分の「考え方」の幅を広げ、質を高めることが、マーケティング思考力を高めることに直結します。

「論理思考」と「イメージ発想」

論理思考とイメージ発想
ビジネスでのアタマの使い方を大きく分けると、

1) 論理思考
2) イメージ発想

の2つになります。

　学問的には論理的な思考法を左脳だけが担当する、ということではないそうですが、一般的に言われる左脳的思考を「論理思考」、右脳的思考を「イメージ発想」と呼ぶことにします。論理は「思考」でイメージは「発想」です。

　ここでいう論理思考は、特定の思考法（ロジックツリーなど）を意味していません。もっと広い意味で、「段階的にステップを追ってきっちり考えていく」考え方、です。フレームワークなどを使って順番に一つ一つのワクをうめていくような

右脳と左脳をフル活用！

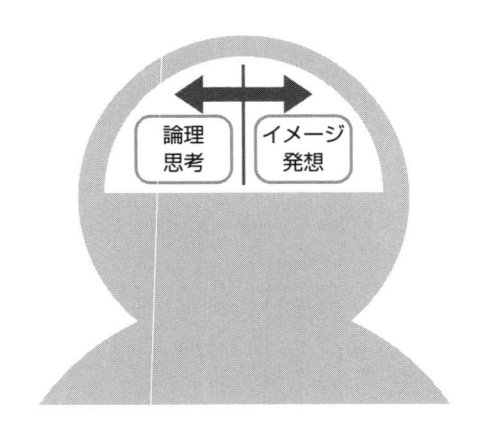

論理思考　イメージ発想

思考法です。例えば、「モレなく、ダブりなく」という最近すっかり有名になった考え方がその典型です。ステップを追ってきっちりと確認するわけですね。

対して、イメージ発想は、「直感的」な「閃き」です。人の顔を認識するときも、鼻がこうで口が……ではなく、全体をばっとイメージで認識しますよね。美しい風景を美しい、と感じる能力もイメージ発想ですね。コンピューターにはできない能力で、これが人間がもともと持っている能力なのだと思います。

マーケティングにおける論理思考とイメージ発想

これは、マーケティングにおいても同じです。例として、CMを考えるときや、POPのメッセージを考えるときの「考え方」を「考えて」みましょう。

論理思考では、例えば戦略フレームワークなどを使いながら、「このようなお客様に、このような強みを活かして……競合がこうだから、その差別化を考えると……このお客様にはこのような言葉づかいで……」と、ステップを追って考えます。慣れるとこのような戦略フレームワークを使った考え方は瞬間的にできるようになりますが、それでもステップを追って考えていることに違いはありません。瞬間的にできることと、「閃く」ことは違います。

イメージ発想だと、例えば、CMの映像や画像などが「閃き」

ます。こういうCMだったら売れるのでは、と、ストーリーや画像がアタマに浮かぶわけです。この際には、「強みはどうのこうの……」などとは考えず、文字通り「浮かぶ」のです。

　私はDM大賞というDMについて権威がある賞で、クリエーター（制作者）として表彰されたことがあります。それは私の戦略コンサルタントとしての1つの差別化ポイントになっています。論理思考とイメージ発想の両方ができるからこそ、このような本を書いています。
　DMを作るときには、**「何を」伝えようとするかは、論理思考で詰めます**。ターゲットがこういう方だから、そのニーズは、と順を追って考えます。しかし、**「どう」伝えるか、DMの形やデザインのインパクトなどを考えるときは、論理よりは、イメージで発想します**。そして、あるとき「ふっ」と、こんなものだったら面白いのではないか、というアイディアが「浮かぶ」のです。

　山口百恵さんの「さよならの向う側」や最近ではジェロさんの「海雪」の作曲などで有名な作曲家の宇崎竜童さんが、TVで「音符が天から降ってくる」という趣旨のことをおっしゃいました。私の発想力と同列に論じるのは宇崎さんに失礼ですが、確かに、降ってくる感覚です。これは特殊能力ではありません。誰しもが宇崎竜童さんにはなれなくても、練習次第で私以上にはなれます。
　商品開発でも、マーケティング戦略を考えるときでも同じで

す。**論理思考とイメージ発想の両面から考えると、戦略的な一貫性を保ちつつ、具体性にも富む売れるアイディアが出せるの**です。

論理とイメージの「やりとり」で両者のいいところどり

　マーケティングにおける論理思考の手法は、私の著作を含めて、色々な本で公開されています。例えば、本書の姉妹書の『図解　実戦マーケティング戦略』（日本能率協会マネジメントセンター）で紹介した戦略BASiCSをはじめとする５つのツールは、私のマーケティングコンサルティングの根幹をなすツールですが、これらはすべて論理的に考えるプロセスです。

　成功するためには、このような論理的フレームワークは必要です。論理的に破綻しているものが成功することはまずありません。何となくやってみたら成功した、ということはあっても、その場合は論理的一貫性がとれていたことに気付いていなかっただけです。しかし、マーケティングには多分に人間臭い心理学的な側面もあり、論理だけでは「売れる」発想はできません。論理だけでモノが売れるなら、大学で論理学を専攻した新入社員が売れるものをどんどん出せるはずです。

　つまり、論理思考とイメージ発想の両方が重要なのです。さらに、論理とイメージを「やりとり」して考えを発展させていくのが、本書の最大のポイントです。**論理思考は正確性に強く、具体性・肌感覚に欠けます。イメージ発想は肌感覚的具体性に強く、正確性に欠けます。両者の弱点を補完しあい、いい

ところどりをするのが本書の手法です。

　特に、イメージ発想については、本も出ていますが、マーケティング手法として「体系化」されているものはほとんどありません。まして、論理とイメージをやりとりして深い思考と広い発想を両立させる体系的マーケティング手法は世界的にもまれな試みです。論理にも発想にも強い人はほとんどいないのです。
　本書では、私が試行錯誤して学んできた論理思考とイメージ発想のスキルを、その具体的な使い方と共に考えていきます。

　論理思考もイメージ発想も「スキル」です。「スキル」とは、後天的に学習できる、ということです。それぞれのスキルを**「論理スキル」「イメージスキル」**と呼ぶことにします。

キーワードは「具体性」と「一貫性」

　マーケティングにおけるキーワードは、２つあります。「具体性」と「一貫性」です。

　具体性とは、その名の通り、アイディアが「具体的」であることです。「付加価値をつける」というような言葉はよく使われますが、「具体性」がなく、何のことかわかりません。パッケージを高級にするのか、コンサルティングサービスをつけるのか、より高品質な商品にするのかそしてその高品質とは素材

がよいことなのか、デザインに優れるのか、さっぱりわかりません。
「インパクトのあるCM」なども同様です。「具体的にどのような」インパクトがあるのかわからなければ、評価も実行もできません。

「具体性」と対になる概念が「一貫性」です。**一貫性とは、戦略と戦術の一貫性、そして戦術間の一貫性など、ベクトルが同じ方向を向いていることです。**女性をターゲットにした商品は女性が来る店で売る、などのことです。自分の強みとの一貫性も重要で、自分の強みが活きる商品を開発する、などです。

これは当たり前のようで全く当たり前ではありません。日本と外国ではニーズが違うのに、外国で日本と同じやり方をして失敗する（もしくはその逆）ということはグローバル企業では非常に多くあります。「一貫性」を保つことは思っているより大変難しいことです。

論理的一貫性があっても売れるとは限りませんが、論理的一貫性がなければ、まず失敗します。予算がある会社に高価な商品を売りに行ったとすると、論理的一貫性はあります。それでも売れるとは限りませんが、予算が少ない会社をターゲットに、高価な商品を営業しに行った場合には、まず売れません。「商品がお客様のニーズに合ってない」などというのは、言い換えれば、お客様と商品との一貫性がない、ということです。

「具体性」と「一貫性」がマーケティングのキーワードです。

この2つは、対極にあるがゆえに両立が難しいのです。

そこで、**論理思考とイメージ発想をやりとりし、両者の弱点を補完し合いつついいところ取りをし、一貫性と具体性を両立**させていくのも本書のポイントです。

具体性はイメージ発想で、一貫性は論理思考で

もうお気づきのように、「具体性」は「イメージ発想」に対応します。**お客様のことを視覚などでイメージしながら、具体的に具体的に考えていくのがイメージ発想です。**

「一貫性」は「論理思考」に対応します。**モレなくダブりないフレームワークや数字を使いながら、発想に論理的一貫性の筋を通すのが論理思考です。**

　売れない理由は、「論理の失敗」（一貫性の欠如）か、「肌感覚の失敗」（具体性の欠如）のどちらかであることが多いのです。「論理の失敗」とは一貫性の欠如で、例えば男性に売りたかったのに男性が行く売場に無かった、認知の問題ではないのに認知を上げるTVCMをしてしまう、などです。そんなことはありえないと思われた方は、スーパーマンか、またはマーケティングの現場をご存じない方です。

「肌感覚の失敗」とは、お客様ニーズが深く捉えきれていなかった、あるいは伝え切れていなかった、などです。これは「具体性」の問題です。例えば「若い女性のニーズに応えよう」という粗っぽい発想ではニーズは捉えにくいのです。「若い女

性」では具体性に欠けるからです。「若い女性」とは、何歳か、また、26歳女性としてもフルタイムで働いている方と、子供を抱える専業主婦の方と、MBAの学生さんではニーズが相当異なります。

　売れる販促企画や商品開発などは、この「論理的な一貫性」と「具体的な肌感覚」の両方を兼ね備えている必要があるので難しいのです。

　どんな人にでも得手不得手があります。論理思考が得意な方もいれば、イメージ発想が得意な方もいます。これをチームで補う、という手もあります。しかし、同じチームに論理思考が得意な人とイメージ発想が得意な方がいたとしても、コミュニケーションが難しくなります。お互いに思考回路も使う言語も違うので、会話が成立しないのです。
　同じ人の中に両方のスキルを持てば、違う人が言葉でコミュニケーションする数倍〜数百倍のスピードで論理とイメージの「やりとり」ができます。片方が得意な方は多くいらっしゃいますが、1人の中で両方が高いレベルで実現できている人はほとんどいない、と言って差し支えありません。だからこそ、両方がある程度できれば、それは大変な強みになるのです。

7つの思考・発想スキル

　本書は、7つの思考・発想スキルを順々に紹介していきま

す。論理思考を司る2つの「論理スキル」、イメージ発想を司る3つの「イメージスキル」、そしてその両方を一気に行える2つのスキル、で計7スキルです。

| 論理スキル | ・要素分解
・プロセス分解 |

| イメージスキル | ・静止画イメージ
・つぶやきイメージ
・動画イメージ |

| 論理＋イメージスキル | ・モーフォロジカル・アプローチ
・数値化＆グラフ |

の7つです。

　万能なスキルはなく、それぞれのスキルを適した場面で使い分けていくのがポイントです。

　7つのスキルの紹介の順番は、

1）**論理スキル1：要素分解**
2）**イメージスキル1：静止画イメージ**
3）**イメージスキル2：つぶやきイメージ**
4）**イメージスキル3：動画イメージ**

5）論理スキル２：プロセス分解
6）論理＋イメージ１：モーフォロジカル・アプローチ
7）論理＋イメージ２：数値化＆グラフ

　という、変則的な順番になっています。これは、論理スキルとイメージスキルを交互に使い、論理とイメージの「やりとり」をするからです。両者の弱点を補完し、「いいところ取り」をするのです。それが私がMBA理論や実戦経験などから紡ぎだした、今のところ最も実戦的かつ体系的なアプローチです。深い思考と幅広い発想の両方を兼ね備え、考え抜かれたアイディアや企画が出せるようになります。
　このような思考・発想スキルを体系化した例はあまり無く、それが本書の「強み・差別化」となっています。
　ではいよいよ７つのスキルに入っていきましょう！

第1章

論理スキル1：要素分解

> モレ・ダブりなく分け、一貫性をとろう

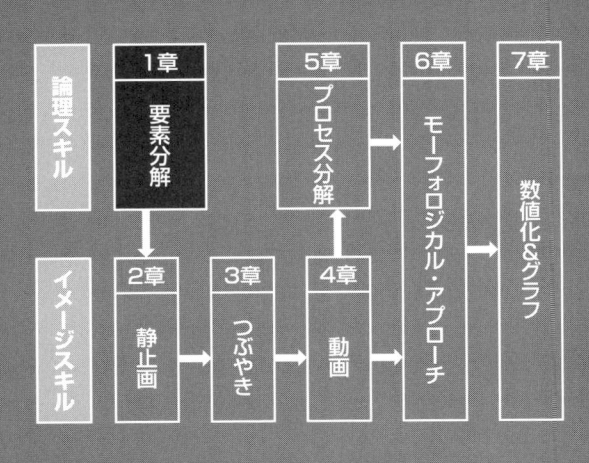

1 要素分解とは

では、論理スキルの1つめ、「要素分解」から始めていきましょう。

論理スキルの手始めに、論理的思考力の基本を知っておきましょう。世の中には「論理的思考力」「ロジカルシンキング」などの良書が多くありますので、詳しくはそちらをご参照ください。ここではそのエッセンスをまとめておきます。

要素分解とは、全体を定義して、その全体を部分（要素）に分解していくことです。要素分解のポイントは、以下の3つです。

　ポイント1）モレなくダブりなく
　ポイント2）グルーピングとレベル合わせ
　ポイント3）一貫性を保って構造化

この3つを順番に説明していきます。

1 モレなくダブりなく

1つめのポイントは「モレなくダブりなく」、という考え方

です。いわゆるMECE（Mutually Exclusive and Collectively Exhaustive、ミッシーと読まれます）です。

　これは、**全体をある切り口で分けると部分（要素）になり、その部分（要素）を全て足すと全体に戻る**、ということです。

> **要素分解**：全体が部分に、部分を足すと全体に

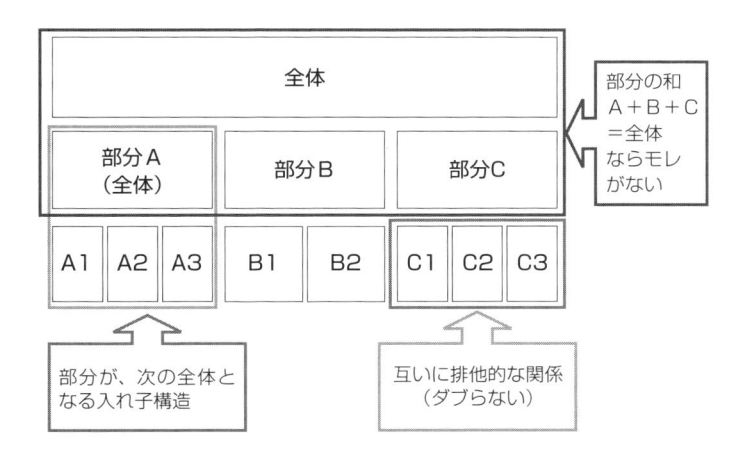

```
┌─────────────────────────────────┐
│             全体                 │
├──────────┬──────────┬──────────┤      部分の和
│ 部分A    │          │          │      A＋B＋C
│ (全体)   │  部分B   │  部分C   │      ＝全体
│          │          │          │      ならモレ
└──────────┴──────────┴──────────┘      がない
┌──┬──┬──┐┌──┬──┐┌──┬──┬──┐
│A1│A2│A3││B1│B2││C1│C2│C3│
└──┴──┴──┘└──┴──┘└──┴──┴──┘
    ↑                    ↑
部分が、次の全体と      互いに排他的な関係
なる入れ子構造          （ダブらない）
```

　こう書くと難しそうですが、単純です。人間を「性別」という切り口で分けると「男性」と「女性」になります。これは一般的にはモレもダブりもありませんね。男性と女性の双方に同時に属する人もいませんし（ダブりがない）、どちらにも属さない人もいません（モレがない）。そして、男性と女性という部分を足すと、人間という「全体」に戻ります。「男性」をさ

らに分けます。例えば、「成年男性」と「未成年男性」に分けます。これもモレもダブりもありません。さらに成年男性を職業で分類すると、学生と社会人に分かれて……と、永遠に続きます。

モレ・ダブりがなく、レベルが合っている例

```
┌─────────────────────────────────┐
│              人間                │     男性＋女性
├─────────────────┬───────────────┤     ＝全体
│    男性 ⇔レベルが合う⇔ 女性      │     という、モレ
│                 │               │     のない関係
├────────┬────────┼────────┬──────┤
│ 未成年 │ 成年   │ 未成年 │ 成年 │    モレ・ダブリ
│ 男性   │ 男性   │ 女性   │ 女性 │    がない
└────────┴────────┴────────┴──────┘
    ↑                    ↑
部分が、そのサブシ     互いに排他的な関係
ステムの全体となる     （ダブらない）
入れ子構造
```

日本を東日本と西日本で分けても同じことですね。東日本と西日本を足すと日本全体になります。そして東日本を北海道、東北、関東、信越などに分け……ということです。
「全部」という言葉がありますが、よく言ったもので、「全ての」「部分」で全部、ということなのかもしれませんね。

ここで問題となるのは、要素分解の**「切り口」**です。どのよ

第1章　論理スキル1：要素分解

うな切り口で分けるかにより、**分解の結果がまるで異なります**。この「切り口」をどう選ぶか、は残念ながら論理だけで決めることは難しく、それが論理思考の弱点の1つです。この弱点は、後にイメージ発想で解決します。

マーケティングでは、**セグメンテーション**のときにこの要素分解がそのまま使えます。本書は理論書ではありませんので詳細の説明は避けますが、**セグメンテーションとは顧客を分類する**ことであり、その分けたセグメントの中から狙いをつけていくことがターゲットを決めることですね。

セグメンテーションとターゲット

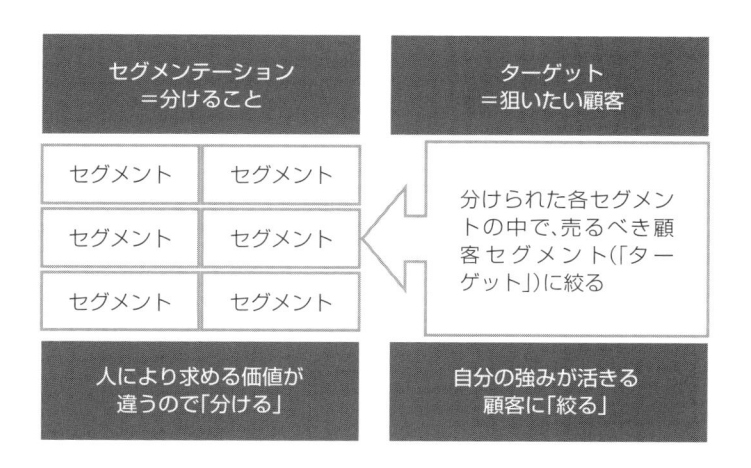

セグメンテーション ＝分けること	ターゲット ＝狙いたい顧客
セグメント　セグメント セグメント　セグメント セグメント　セグメント	分けられた各セグメントの中で、売るべき顧客セグメント（「ターゲット」）に絞る
人により求める価値が違うので「分ける」	自分の強みが活きる顧客に「絞る」

セグメンテーションの切り口にも色々ありますが、**セグメン**

テーションでは「モレなくダブりなく」分けることが重要です。モレがあると、魅力的なセグメントを見落とすなどの問題が発生するからです。

BtoC（個人顧客対象のビジネス）の場合、このような性別×年代でセグメンテーションをすることが一般的です。この手法には問題もあります（その問題は後で触れます）が、モレなくダブりなく分ける、という必要条件は満たしています。

性別×年代のセグメンテーションの例

		性別	
		男性	女性
年代	10代以下	10代以下男性	10代以下女性
	20代	20代男性	20代女性
	30代	30代男性	30代女性
	40代	40代男性	40代女性
	50代	50代男性	50代女性
	60代以上	60代以上男性	60代以上女性

明確な基準で分ける

この要素分解の切り口は、誰にでもわかる明確な基準で分けることが重要です。「成年」と「未成年」に分ける場合は、20

歳という明確な基準があります。しかし、「大人っぽい人」と「子供っぽい人」では、人によって基準が違います。顔つきで分ける人もいれば、性格で分ける人もいるかもしれません。このような恣意性は論理思考には適しません。**白黒はっきりする基準で要素分解をする**ことが重要です。

❷ グルーピングとレベル合わせ

　要素分解の2つめのポイントは、「グルーピングとレベル合わせ」です。「グルーピング」は、似たものを集めて「グループ」にし、それにタイトルをつけることです。「レベル合わせ」は、そのタイトルのレベルを合わせることです。

　簡単な例で考えてみましょう。

　にんじん、みかん、バナナ、大根、キャベツ、りんご

という集合があったとします。これは、普通に考えれば、【にんじん、大根、キャベツ】をまとめて、「野菜」とタイトルをつけられます。

【みかん、バナナ、りんご】もまとめて、「果物」とタイトルをつけられます。

　このようにある基準（この場合は野菜か果物か）でまとめるのが、「グルーピング」です。

さらに、「野菜」と「果物」という、タイトルのレベルを合わせます。「野菜」と「果物」はレベルが同等ですが、「野菜」と「みかん」では、レベルが合っていません。

　当たり前のように見えて、これは結構難しいです。
　私は発想法などのセミナーで、「近くにスーパーが出店し、売上が下がっている駅前の果物店の売上向上策を考える」というテーマを出すことがあります。どの駅にあるか、などの細かいことはさておき、あなたも考えてみていただけますか？

　何も考えずにやると、
　　・カットフルーツの販売
　　・有料宅配サービス
　　・ギフト用高級フルーツの販売
　　・高付加価値路線でスーパーと差別化する
　　・ネット販売
　　・フルーツを使ったデザートのレシピの配布
　　・少しリッチな若い女性を狙う
　　・特売を増やす

　というようにアイディアがバラバラと出てきます。今までの私の経験では、セミナー参加者の9割くらいの方はこのような書き方をします。それはそれで構いませんが、論理的な整理はされていませんね。ではこれを、先ほどの「モレなくダブりない」形で整理するにはどうすればよいでしょうか？

グルーピング

まず、似ているものをグループにまとめ、それぞれにタイトルをつけます。

ターゲット顧客
・少しリッチな若い女性を狙う

差別化
・高付加価値路線でスーパーと差別化する

商品
・カットフルーツの販売
・ギフト用高級フルーツの販売

販路・チャネル
・ネット販売
・有料宅配サービス

販促・広告
・フルーツを使ったデザートのレシピの配布
・特売を増やす

となるでしょうか。これがグルーピングです。

ここでは、この戦略の是非（売れるか売れないか）は無視して、論理的に整理することに集中することにしましょう。

レベル合わせ

そして、ここでタイトル（見出し）のレベルを合わせます。

商品
販路・チャネル
販促・広告

は、いわゆる4P（商品・サービス、広告・販促、販路・チャネル、価格）の一部で、レベルが合っています。4Pは、マーケティングの実際の活動を行うときに必要な要素だと言われている切り口です。

ここで、4Pという「切り口」から見ると、「価格」という「モレ」があることがわかります。**何も考えずにアイディアを出していくと、このようにモレが発生します。**ですので、このレベル合わせのタイミングでモレをチェックします。

「特売」は「価格」ではないのか、というご意見もありましょうが、ここでいう「価格」は通常の価格帯、という意味の方が一般的ですので、ここでは「販促」に分類しています。

「ターゲット顧客」は、先ほどの商品、販路・チャネル、販促・広告などの4Pとはレベルが違い、4Pの上位に来る概念です。というのも、どんな商品をどんなチャネルで売るかは、ターゲット顧客次第だからです。

さらに、ターゲット顧客を誰にするかというのは、「マーケティング戦略」の一部です。戦略とは大きな方向性で、戦術と

いうのは具体的に何をするか、です。戦略が上位概念で、戦術はその戦略を具体化するものです。つまりどんな4Pにするか、は戦略次第、となります。

その意味で

ターゲット顧客
・少しリッチな若い女性を狙う

差別化
・高付加価値路線でスーパーと差別化する

を「戦略」という括りでまとめると、

マーケティング戦略
・少しリッチな若い女性を狙い、高付加価値路線でスーパーと差別化する

となります。これが、先ほどの4Pの上位に来ます。逆に言うと、このマーケティング戦略を実現するために4Pがあります。以上をまとめると、次ページの図のようになります。

これで、「戦略」と、それを実行する戦術（4P）で、タイトル（見出し）のレベルが合いました。

ここでわかったのは、「価格」についてはモレがあり、空欄

グルーピングとレベル合わせ

全体	マーケティング戦略	少しリッチな若い女性を狙い、高付加価値路線でスーパーと差別化する
部分集合	切り口：4P	商品、販路・チャネル、販促・広告、価格

モレ・ダブりがない（とされる）切り口

商品	販路・チャネル	広告・販促	価格
・カットフルーツ ・ギフト用高級フルーツ	・ネット販売 ・有料宅配	・フルーツデザートのレシピ配布 ・特売を増やす	？

になっている、ということですね。ここはまた考える必要がある、ということがわかります。

3 一貫性を保って構造化

マーケティングの2つのキーワードは「具体性と一貫性」です。マーケティング戦略、という上位概念の下、「一貫性」を保ちつつ4Pの「具体性」を考える、ということです。

論理思考においては一貫性を保つことが重要ですが、要素分解でも同様です。まずは、**「上下の一貫性」**、つまり、**上位概念とその部分集合の一貫性**を考えましょう。

ここでは、「少しリッチな若い女性を狙い、高付加価値路線でスーパーと差別化する」という上位概念と、その部分集合である4Pに「上下の一貫性」があるかどうか、を確認します。

「特売を増やす」は、上位概念である「高付加価値路線」との一貫性を欠いています。高付加価値戦略において特売を主体にすることは通常ありませんので、削除しましょう。上位概念が優先です。「ネット販売」は、ターゲットである「若い女性」がそれを好むのであればOKですので残します。
　次は「左右の一貫性」です。**「左右の一貫性」とは、同じレベルの要素間での一貫性**です。この場合は、4P間に一貫性があるかどうか、です。
　例えば、「商品」には「カットフルーツ」、「販路・チャネル」には「宅配」や「ネット販売」がありますね。しかし、カットフルーツを宅配したりネット販売する、ということは難しそうです。最悪の場合、食中毒事件を起こしてしまいます。つまり、左右の一貫性を欠きます。通常は、カットフルーツは店頭で売ります。ここで、「販路・チャネル」に「店頭」という要素が無いことに気付きましたので、追加します。カットフルーツの販促・広告としては、店頭で展示するのが良いとして、価格はとりあえず280円としておきましょう。これで、カットフルーツを軸にした4Pの要素が全て埋まりましたね。

　さらに、「ギフト用高級フルーツ」という商品の左右の一貫性を考えてみましょう。この「販路・チャネル」としては店頭

で注文を受けて、宅配で届けるのが良さそうです。重量があるでしょうし、遠方のお友達の誕生日プレゼントにフルーツを宅配で送る、というニーズはありそうです。左右の一貫性はここでは取れそうです。

　これをどう告知するか、という「販促・広告」としては例えば店頭でポスターを掲示する、などができそうです。価格は、とりあえず3,000円としておきましょう。これで4Pの要素が全て埋まりました。

　一貫性を確認したあとの全体の「構造」は、この上の図のようになります。

　そのうち「ギフト商品をネット販売する」というアイディアが出てくるかもしれません。すると、その上位概念のターゲットが「若い女性」である必要がなくなります。法人向けにも売れるかもしれません。すると、4Pの上位概念であるマーケティング戦略が変わります。するとまたその下位概念である、4Pの他の要素が変わります。法人顧客であれば、もっと高価で高級に……と、際限なくこの上下左右を考えるサイクルがグルグルと回ります。

　要素分解、という１つの論理スキルだけでもこれだけ色々と考えることができます。このように、

１）モレなくダブりなく
２）グルーピングとレベル合わせ
３）一貫性を保って構造化

第1章 論理スキル1：要素分解

一貫性確認後の全体の「構造」

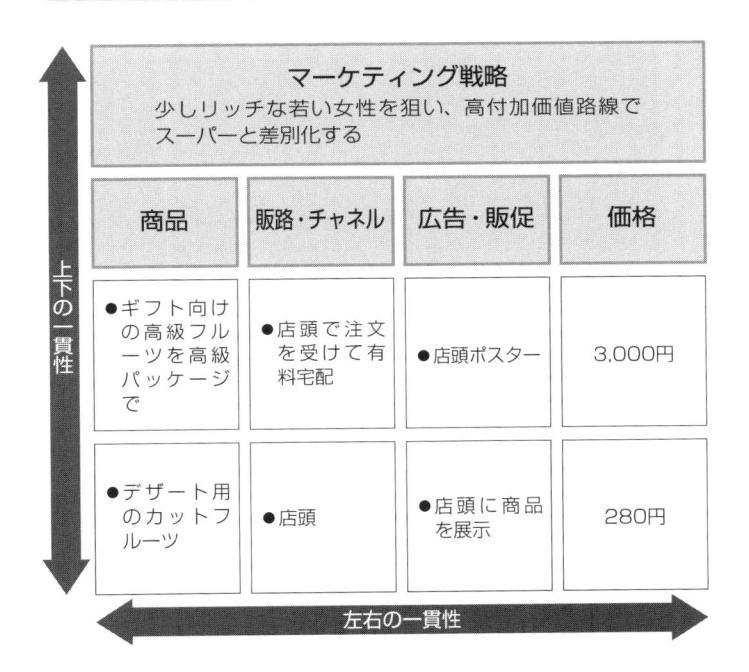

	商品	販路・チャネル	広告・販促	価格
マーケティング戦略 少しリッチな若い女性を狙い、高付加価値路線でスーパーと差別化する				
	●ギフト向けの高級フルーツを高級パッケージで	●店頭で注文を受けて有料宅配	●店頭ポスター	3,000円
	●デザート用のカットフルーツ	●店頭	●店頭に商品を展示	280円

↕ 上下の一貫性　　↔ 左右の一貫性

を行いながら構造化していくのが要素分解のポイントです。

　ちなみに、本書の構成もこのスキルを使って構造化されています。目次をご覧いただくと全体の構造がおわかりいただけると思います。基本的には、要素分解で考え、分解されています。まずは大きく、「論理思考」「イメージ発想」とモレなく、

ダブりないと思われる2つの要素に分解しています。そこからさらに7つの道具に分類し、それぞれに1〜7までの番号をつけ……という構造になっています。

上→下か、下→上か？

今、「人」という「全体」から始まって、それぞれの「部分」へと要素分解する、という上から下への方向と、果物屋の売上向上策を「部分」から積み上げて戦略という「全体」まで積み上げていく下から上への2つのやり方をご紹介しました。どちらから始めても構いませんが、結局は全体の一貫性をとりながら、上下左右を行ったり来たりしながら構造化していきます。

上から下へ行った場合には、下から上へと部分を積み上げると全体になるか、というチェックをします。下から上へ行った場合、上から見た場合これがその全体を構成する要素としてモレがないか、という確認をします。

結局は**全体→部分、部分→全体の相互チェックをしながら構造化しますので、どちらから始めても結局は両方やることに**なります。

第1章　論理スキル1：要素分解

2　要素分解の切り口

　要素分解の基本的な考え方は以上です。**要素分解をする際に一番難しいのは、切り口の選び方**です。人間を「男女に分ける」と決めれば、男女に分けるのは単純ですが、「なぜ」男女に分けるのか、その意味は何か、ということです。そこは単純に論理では決められず、経験やある意味の「センス」の要素も大きいです。論理スキルであっても100％論理でできるわけではないところが面白いところです。**切り口の選び方の「うまさ」は、要素分解の成否に重要な役割を果たします。**

　では、具体的な「要素分解」の切り口を見ていきましょう
ここでは、
1）構造
2）四則演算
3）経験則のフレームワーク
の3つの切り口をご紹介します。

1　構造

　要素分解の切り口の1つめは、「構造」です。「構造」による要素分解とは、まさにブロックのように分けられる「部分」を積み上げて「全体」になるものです。

地理的な構造

日本を地域別に分けると東日本と西日本に分けられます。これはモレ・ダブリはありません。そして、東日本の中に、関東地方、東北地方、北海道、などがあります。さらに関東地方の中に、東京都、神奈川県、と都県があります。これが地理的な構造です。

人の構造

これは先ほども説明しましたが、例えば「日本にいる人」を全体として、どう分けるか、がセグメンテーションです。

人の分類方法は無数にありますが、以下のような分類が考えられます。どれもセグメンテーションの切り口になります。
セグメンテーションを行う理由は「人によってニーズが違うから」です。ですからニーズの分類方法の分だけセグメンテーションの切り口もあります。ポイントは、**自社商品のニーズの違いをうまく分類できる切り口は何か**、ということです。

職業・役職

職業によってニーズは違うでしょう。学生と社会人のニーズは違うでしょうし、社会人でも業種業態によって勤務日・勤務時間などが違い、行動が変わります。また、組織における階層によっても違うかもしれません。社員、中間管理職、経営者などでは役割・視点の違いによるニーズの差がありそうです。

職業が切り口として適切かどうかは売る商品によって異なります。私は以前ガムのマーケティングをしていました。眠気覚ましガムのマーケティングも経験しましたが、その場合は職業・業種で分解しやすく、例えば「ドライバー」（運転中の眠気対策）、「学生」（勉強中の眠気対策）などがターゲットになります。職業で分けることが必ず良いということではなく、眠気覚ましガムのニーズの切り口としては職業が適切だった、ということです。

　現在の私の売り物はマーケティング戦略のコンサルティングですが、その場合は業種・業態はあまり関係ありません（私の場合は、ですが）。それよりは職務階層の違いの方が大きく、「売上高数百億円規模の会社の社長」がお客様になることが多いです。
　また、「企業研修」を依頼されることもありますが、その場合はやはり業種・業態にかかわらず、「上場企業またはそれに準ずる規模の会社の人事部の管理職」の方がお客様になります。

　BtoC（個人対象のビジネス）の場合は「職業」ですが、BtoB（法人顧客対象のビジネス）の場合は、会社の業種・業態がそれにあたるでしょう。

年収
　年収が違うと予算の大きさが違うので、切り口として使える

ことが多いです。例えば総務省の家計調査では、世帯年収を5分割して、世帯の消費動向を分析しています。

1）0〜268万円
2）268〜396万円
3）396〜540万円
4）540〜778万円
5）778万円〜

です。この金額の根拠は、全世帯を収入で5分割するにあたって、こうするとちょうど20％ずつになるから、ということのようです。

家計調査で、1人当たりの食料品と教育関係費の支出を見てみましょう。

	1人当たり食費	1人当たり教育関係費
1）0〜268万円	24,401円	992円
2）268〜396万円	23,878円	2,053円
3）396〜540万円	22,581円	3,480円
4）540〜778万円	22,701円	5,766円
5）778万円〜	24,625円	12,026円

（資料：「総務省家計調査2007　総世帯」をもとに著者が作成）

意外なことに、世帯年収の高低は食費にほとんど影響しませ

ん。違うのは教育関係費です。ここからわかることは、**教育関係費は高年収世帯を狙った方がよさそうですが、食料関係費は年収以外の切り口で見たほうがよさそうだ**、ということです。つまり、モノによってセグメンテーションに使うべき切り口が異なるのです。

BtoB（法人顧客対象ビジネス）の場合は、売上規模が年収の代わりになるかもしれません。

自社商品の利用状況

自社商品の利用状況もセグメンテーションの良い切り口になりえます。私がよく行うのは、

1）ヘビーユーザー
2）ミドルユーザー
3）ライトユーザー
4）ノンユーザー

という分類です。一般的には、2割のヘビーユーザーが自社の8割の売上・利益を占めます。ノンユーザーをライトユーザーにするのと、ミドルユーザーをヘビーユーザーにするのとでは方法が違います。

このように自社商品の利用状況によってこちらの打ち手が変わります。BtoB（法人顧客対象のビジネス）の場合には、請求書を発行するでしょうから、この分析ができることが多く、私がBtoB企業のコンサルティングをお受けする場合には、必

ずと言っていいほどこの分析を行います。

典型的な切り口をご紹介しましたが、まだまだあります。

BtoC（個人顧客対象）の場合は、
・家族形態：１人暮らし、夫婦２人、３世代、など
・自家用車の有無
・通勤時間の長さ・交通手段
・読んでいる雑誌：ビジネス誌、コミック、趣味誌など
・外食に行く回数
・遊びに行く繁華街

BtoB（法人顧客対象）の場合は、
・売上・利益・利益率
・従業員数
・業種・業態
・日本企業か外資系か
・部署・役職

など、色々と切り口があります。セグメンテーションの切り口は、マーケティングにおいて最も難しく、経験を要する技術の１つです。様々な顧客心理の違いによる自社商品へのニーズの違い、使われ方の違いなどを的確に判断できなければ、効果的なセグメンテーションはできません。

2　四則演算

分解の切り口の2つめは、四則演算です。加減乗除による分解ですね。

わかりやすい例としては、

利益＝売上－費用

ですね。利益を上げる方法としては、売上を上げるか、費用を下げるか、の2つしかありません。しかし、利益は、

利益＝売上×利益率

とも分解できます。このように、分解の切り口によって、同じ利益でも見え方が変わることにご注意ください。「費用を下げる」のと「利益率を上げる」では、同じことでも受ける印象は異なりますので、切り口の選び方がここでも重要になります。

利益＝売上－費用

をさらに分解していきます。売上を分解すると、

売上＝客数×客単価

ですね。これをさらに分解していくと、売上を上げる方法は、図の5つになります。既存顧客については、変化がなければ影響しませんので、ここでは除外しています。

この5つを私は「売上5原則」と名付けました。単純な四則演算による要素分解ですが、極めて使いやすい手法です。

このように分ける理由は、例えば新規顧客の獲得と既存顧客の維持では多くの場合、打ち手が異なるからです。既存顧客は自社商品・サービスを使ったことがあり、自社に馴染みもあるでしょう。新規顧客はどこにいる人か把握しにくいですし、自社商品・サービスを全く知らない、ということもありえます。

適切な切り口を選ぶことにより、具体的にきめ細かく思考・発想することができるようになることは要素分解の大きなメリットの1つです。売上5原則の具体的な使い方などについて詳しくお知りになりたい方は、拙著『図解　実戦マーケティング戦略』(日本能率協会マネジメントセンター)をご参照ください。

この四則演算の切り口も色々あります。

成果＝時間×効率
営業利益＝売上－売上原価－販管費
費用＝固定費＋変動費

第1章 論理スキル1：要素分解

売上5原則：売上を上げる5つの方法

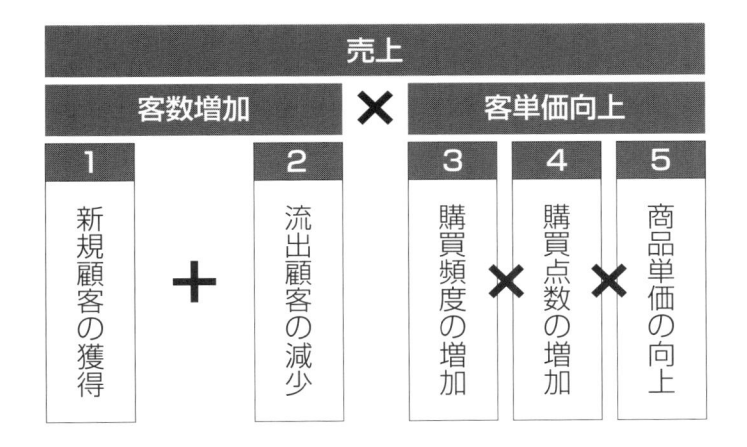

```
           売上
   客数増加    ×    客単価向上
  1      2     3     4     5
 新規   流出   購買   購買   商品
 顧客   顧客   頻度   点数   単価
 の     の     の     の     の
 獲得   減少   増加   増加   向上
      +            ×     ×
```

　など、色々なものが四則演算で要素分解できます。費用を下げることを考えるにあたっても、固定費と変動費は分けて考えた方が考えやすかったり、**分ける意味があるのであれば、分けましょう。分ける意味がなければ、分ける必要はありません。**

複雑な計算は不要

　一般的に、経営において複雑な計算、例えば偏微分、回帰分析などはそれほど必要がありません。私のようなコンサルタントであればできないとまずいですが、私もお客様にそのまま見せることはまずありません。

　複雑な計算で導き出されたことが真実に近い場合には、単純な四則演算でも示せます。四則演算で示せない統計結果は、ど

こかに無理があることが多いです。経験上、四則演算が使いこなせれば十分です（それは結構難しいことですが）。利益＝売上×利益率、売上＝客数×客単価、などの基本公式を徹底的に使いこなすことの方が重要だと思います。

　余談ですが、マーケティングでよく使われる「コンジョイント分析」*という統計手法は、私がMBAを取得した米国ペンシルバニア大ウォートン校で開発されました。私もその計算はできますが、変数を1つ加えたり減らしたりすると、全く逆の結果が「作りだせる」ことに愕然としました。本質は複雑な統計ではなく、単純な四則演算の中にあると私は考えています。

　注*）コンジョイント分析：意思決定の際に重要となる要素の重みづけを統計的に解析する手法

3　経験則のフレームワーク

　切り口の3つめは、「経験則」です。いわゆる「フレームワーク」（考えるための枠組み）ですね。

　例えば、経営で大事なのは「ヒト、モノ、カネ」などと言われます。5W1H、心技体、Plan − Do − Seeなどもそうです。これがモレなくダブりない分け方かどうかは証明できませんが、一般的に「モレ・ダブりのない」フレームワークとして受け入れられています。このような経験則も使いようによっては便利に使えます。

　以下によく知られたフレームワークをあげておきます。このようなフレームワークを知識として持っておくと、切り口に使

えます。適宜必要なものを選んで使えばよいと思います。

経営戦略のフレームワーク

3C：顧客（Customer）、自社（Company）、競合（Competitor）
7S：Strategy（戦略）、Structure（組織）、System（制度）、Staff（人）、Skill（能力）、Shared Value（価値観）
バリューチェーン：開発→生産→販売

マーケティングのフレームワーク

4P：商品・サービス（Product）、広告・販促（Promotion）、販路・チャネル（Place）、価格（Price）
人間の3大欲求：生存欲求（生理的ニーズ）、社会欲求（褒められたい・認められたい）、自己欲求（自我を満たしたい）
差別化戦略の3つの軸：手軽軸（早い安い便利）、商品軸（高品質・新技術）、密着軸（個別具体的ニーズに応える）
戦略BASiCS：戦場・競合（Battlefield）、独自資源（Asset）、強み・差別化（Strength）、顧客（Customer）、メッセージ（Selling message）

　ここでは詳細については触れませんが、フレームワークは色々ある、ということを知っておいていただければよいと思います。あとの3つは、私がよく使うフレームワークです。最後の戦略BASiCSだけは本書でもその言葉が使われるのでここで軽く解説いたします。ご興味がない方、あるいはもうご存じの方は読み飛ばしていただいて構いません。

統合戦略フレームワーク：戦略BASiCS

戦略BASiCS（ベーシックス、と読みます）は、本書でもこの後出てきますので、ここで軽く説明しておきますね。本書の姉妹図書『図解　実戦マーケティング戦略』で提唱している、統合戦略フレームワークです。

と言っても単純です。

1）戦場・競合（Battlefield）
2）独自資源（Asset）
3）強み・差別化（Strength）
4）顧客　（Customer）
5）メッセージ（Selling message）

「戦略」の要素分解：戦略BASiCS

戦場・競合	戦いやすい戦場で戦おう 戦場・市場を選び、勝てる市場で戦え！	Battlefield
独自資源	自社に独自な資源を蓄積しよう 他社にマネできない資源を蓄積せよ！	Asset
強み・差別化	強みのある差別化された商品を作ろう 強みのある優れた商品・サービスを売れ！	Strength
顧客	顧客のニーズに応えよう ターゲットの視点を持ち、顧客の気持ちになれ！	Customer
メッセージ	売り方・伝え方をうまくやろう わかりやすい、魅力的な売り方・売り文句を作れ！	Selling message

第1章 論理スキル1：要素分解

　戦略を要素分解するとこの5つの要素になりますので、この5つの要素で経営戦略・マーケティング戦略を考えようというフレームワークです。5つの要素の英語の頭文字をつなげて、間にi（語呂合わせ）をいれて「BASiCS」です。戦略の基本、という意味ももちろんこめています。**ポイントは、5要素の一貫性**です。

　例えばマクドナルドのBASiCSを考えてみると、図のようになります。マクドナルドはハンバーガーレストランではありますが、必ずしもロッテリアやモスバーガーだけと競合しているとは限らず、例えばカフェ「戦場」で、ドトールやスターバックスなどの「競合」とも戦っています。

マクドナルドの戦略BASiCS

戦場・競合	カフェ戦場	
	マクドナルド	スターバックス
独自資源	規模の経済、店舗運営ノウハウ、立地開発力など	店員訓練ノウハウ コーヒーの設備、など
強み・差別化	低価格 席数が多く座れる	おいしいコーヒー・禁煙 愛想の良い店員応対
顧客	給料前のビジネスパーソン 学生	ノンスモーカー 20〜30代女性
メッセージ	120円のおいしいコーヒーでちょっと一息	くつろげる空間

カフェ戦場におけるマクドナルドの「強み・差別化」の1つは、低価格でしょう。コーヒーが120円（2009年2月現在）で、ドトール・スターバックスの約半額です。低価格という「強み・差別化」は、マクドナルドの店舗数（2008年末で3,754店）などの規模の経済や、効率的に店舗を建設・運営したり、ハンバーガーを作って提供するノウハウという「独自資源」という強みの源泉に基づいています。

　もう1つの「強み」は、席数が多い、ということかもしれません。これは広い店舗立地を得る店舗開発力という「独自資源」（強みの源泉）に基づいているかもしれません。そして、その「顧客」は、そのような「低価格」を評価する人、例えば給料日前のビジネスパーソンや、学生さんでしょう。
「メッセージ」は戦略を統括する言葉であると同時に、戦略を具体的に実行する際の指針となります。この場合は、「120円のおいしいコーヒーでちょっと一息」という「メッセージ」になるでしょう。**5つの要素に一貫性がある**ことがわかります。

　逆に、カフェ戦場で戦っているスターバックスは、57ページの図の右のようになります。5要素関係はマクドナルドのときと同じです。スターバックスの5要素にも一貫性が保たれています。

　このようにまとめると、マクドナルドとスターバックスは、戦っている領域（戦場）は重なりつつ、ある程度棲み分けていることがわかります。

同様に、マクドナルドは「休日の家族団らん」戦場でも戦っています。そこでは、ファミリーレストランが「競合」となり、マクドナルドの「強み」は「ハッピーセット」（おもちゃつきメニュー）で、その源泉である「独自資源」は「おもちゃの開発力・調達力」などとなることになります。ここでも5要素の一貫性がポイントです。

戦略BASiCSは、モレなくダブりない戦略フレームワークだと考えています。今まで数々の会社の分析や戦略コンサルティングを行ってきましたが、これで切れなかった例は今のところありません。

戦略BASiCS自体の説明はここで止めておきますが、この5つの言葉「戦場・競合」「独自資源」「強み・差別化」「顧客」「メッセージ」は今後も本書で使いますので、アタマのどこかにおいておいてください。「顧客」は普通の言葉として使いますが、他の4つの言葉は、この戦略BASiCSの一部としての言葉として使います。

最終的には自分で論理モデルを作れるようになろう

経営でもマーケティングでも会計でも生産管理でも色々なフレームワークがあります。これらは、結局は誰かが「これなら行けるだろう」という経験に基づき作られたものです。

要素分解などの論理スキルのゴールとしては、このような論理的なフレームワークを自分で作れるようになることです。私

の戦略BASiCSも、今まで学んだ戦略理論と、自らのマーケティングやコンサルティングの経験から自分で作り出したものです。自分で作った理論が多くの方の役に立つ場合、それは自分の最高・最強の「独自資源」「強み・差別化」になります。そのためには、自分の「考え方」を日頃から把握しておく、ということが重要になります。「自分はどう考えているのだろう」という、考え方を考え、記録しておくのです。すると自分の思考パターンがわかります。その思考パターンの「モレとダブり」などを論理的に構造化し、自分だけのオリジナルフレームワークを作ってみましょう。

ポイントは切り口の選び方

このような論理できっちりと詰めていくことのメリットは色々とありますが、大きな問題点もあります。それは……「つまらない」ということです。現状を突き抜ける、大きく飛躍するようなアイディアが欲しいときには、論理だけでは出てきづらいのです。

「このような人に売れれば、売上が上がりそうだ」ということまでは要素分解で詰めていくことはある程度は可能です。例えば果物店が「果物を朝食べる人に売ろう」ということまでは考えられるかもしれません。

しかし、「では果物を朝食べる人とは、具体的にどんな人で、いつどこでどのように食べるのか?」「具体的に何をすれば売れるのか?」という「発想力」については、論理「だけ」で到達することは難しいのです。

第1章　論理スキル1：要素分解

　発想力については、アタマの使い方をスイッチして、イメージスキルを使うのが適しています。ですので、次の章は最初のイメージスキルになっています。

　このように、論理スキルとイメージスキルをやりとりし、左脳と右脳をスイッチしながら使うのがポイントです。そのために本書は論理スキルとイメージスキルを交互に行う構成になっているのです。

どこまで分解するのか？

　要素分解は、分けようと思えばいくらでもできますので、キリがありません。ではどこまで**分解すればよいかというと、「具体的な行動ができるまで」**です。

　例としてセグメンテーションについて考えてみましょう。
「女性をターゲットにしよう」では、日本に女性は6千万人以上おり、あまり意味がありません。例えば「30～40代のDINKSで平日は9時～20時くらいまで仕事をする、世帯年収が1千万円くらいの女性」とすると、かなり具体化され、このターゲット向けの商品・サービス・売り方が具体化するかもしれません。これでもまだ粗ければ、読む新聞・雑誌、クルマの有無などさらに具体化していきます。
　しかし、ここからさらに30～32歳と、33～34歳と分けていくことはあまり意味がありません。30～32歳に届く広告媒体と、33～34歳に届く広告媒体が違うともあまり思えません。

細かく分けても、セグメントに応じて違った行動がとれないのであれば、分ける意味がありません。ですので、「適切なレベルでの具体策がとれる」ところまで分解するのがよいのです。

第2章

イメージスキル1：
静止画イメージ

お客様・利用場面の絵を描いて具体的にイメージ

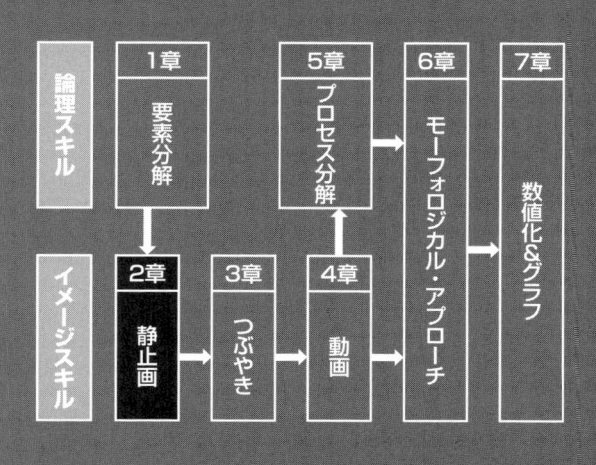

では、論理スキルを一旦終えて、イメージスキルに移りましょう。左脳と右脳、論理とイメージのやりとりをします。

1 静止画イメージとは

イメージスキルの1つめが、「静止画イメージ」です。単純です。**文章や言葉ではなく、画像や絵で考えるのです**。頭の中に、あたかも1枚の写真を思い浮かべるがごとく、**具体的な絵をイメージします**。このときには、形はもちろん、色、触感、などまで具体的に具体的に具体的にイメージしていくことがポイントです。1枚の写真ですから、例えばその背景や周囲にあるものまで具体的にイメージしていきます。

それにあたっては、**本当に絵を描くことが重要**です。うまいへたはどうでもいいことです。具体的にイメージするために描くのです。そのときには、言葉や文章は使いません。ひたすら静止画をイメージすることだけに集中しましょう。

2 お客様の絵を描いてみよう

　先ほどの要素分解では「顧客セグメンテーション」を行いました。男女に分けたり、ライフスタイルで分けたりしました。

　BtoCのセグメンテーションで最も多いのは、恐らく性・年齢による分類でしょう。例えば「20代女性」「40代男性」「シニア」などですね。

　しかし、「20代女性」をターゲットにしよう、というのは顧客を絞っているようでいて、実は相当粗っぽいセグメンテーションです。セグメンテーションをする理由は、顧客のニーズが違うから分けて対応するわけです。
　20代女性といっても、
　　・20歳大学生
　　・23歳新人ビジネスパーソン
　　・27歳DINKS
　　・29歳の専業主婦、子供2人
　など、職業、ライフスタイルなどは様々で、ニーズは相当違うでしょう。「20代女性」という括りでは具体的な顧客像が見えません。同じ年収、同じ年齢、同じ会社に勤めていたとしても、着ている洋服、仕事の後にすることなどは人によって全く違いますよね？　20代女性という粗っぽい括り方では、具体

的なニーズの違いがわからないのです。

1 お客様を「絵」で具体化しよう

ですから「20代女性」という論理的な要素に加えて、「どんな」20代女性なのか、という「イメージ」が重要になります。「どんな」人かを知るには、性別、年齢、職業などの無機質な情報は必要ですが、それだけでは不十分です。**現実感をもって、イキイキとしたお客様を「イメージ」する**ことが大事です。そのための最初のスキルが、「絵を描く」ことです。静止画イメージでお客様について考える場合、ターゲット顧客をイメージし、絵を描きます。文字通り、本当に絵を描きます。できれば色鉛筆とか、色マジックなどの多色で、です。上手である必要はありませんが、線画ではダメです。

　BtoCの場合は、ターゲット顧客の
顔は？
　　・どんな顔をしているのか？
　　・髪の毛の色は黒か？　茶髪か？　髪の毛の長さは？
　　　髪型は？
　　・表情の感じは柔和か？　精悍か？
　　・めがねをしているのか？　いないのか？
　　・しわの数は？
服装は？
　　・スーツなのか私服なのか？

・どんな色のスーツか？　スーツの下のシャツの色は？
・女性の場合、スカートかパンツか？　ワンピースか？
　ストッキングの色や柄は？
・靴は？　革靴かスニーカーかハイヒールか？

　などなどを徹底的に具体的にイメージしていきます。写真のように精密に、細かく描いていきます。うまいヘタはどうでもいいのです。具体的に、肌の質感や髪の毛の太さまでイメージできているかどうかがポイントです。

　なぜこんなことをするかというと、「内面は外面に表れる」ことが多い、からです。

　同じ年令のビジネスマンでも、紫のダブルのスーツにピンクのワイシャツを着ている男性と、紺のシングルのスーツに白いワイシャツを着ている男性では、帰宅時間や遊ぶ場所が違うでしょう。つまり、ニーズが違うわけです。髪型、目つき・顔つき、ひげの有無、などそこまで具体的にイメージできなければ、ニーズに合ったセグメンテーションができないのです。

　外見で人を判断しよう、ということではありません。お客様を知る、とはお客様の心を知る、ということです。セグメンテーションとは、そのタイプの違いにより、お客様を分類する、ということです。外見を具体的にイメージして、セグメンテーションをお客様の内面から行う手がかりにするのです。

うまくできているセグメンテーションは現場ではそう多くありません。30代男性、というような無機質なセグメンテーションで終わっていることが多いです。具体化されていても、「高感度な人」くらいの抽象度が高いレベルで終わってしまいます。それだと、ターゲットの具体性に欠けるために、ニーズも具体的になりません。**抽象度が高い考え（論理思考は抽象度が高くなりがちです）を具体化するのが、イメージ発想**です。

　マーケティングのコツは「具体性と一貫性」ですが、「一貫性」は論理スキルで、「具体性」は絵を描くなどのイメージスキルで行うのです。

BtoBの場合

　BtoBでも同じです。どんな規模の、どんな会社の、どんな部署の、どんな役職の方か、によってニーズが違います。

　部署で言えば、

- 営業部：売上を上げたい
- 経理部：コストを下げたい
- 人事部：従業員満足を高めたい

など、部署によってニーズが違うはずです。

　また、役職によってもニーズは違います。

- 担当社員：早く帰りたいけど給料は上げてほしい
- 中間管理職：上下からの板挟みを何とかしたい
- 執行役員以上：利益を上げたい・部下には給料以上に働いてほしい

となることが多いでしょう。すると、担当者の方に対しての提案と、執行役員の方に対しての提案では重視するポイントが変わります。役職が上がるほど、「利益」に敏感になるといえます。それによってプレゼン内容やセールストークを変える必要があります。

また、決済額の大きさは役職によって違うでしょう。上場企業では、一般的に決裁できる金額は、
・担当社員　　：ゼロ～数十万円
・中間管理職：数十万円～数百万円
・執行役員：数百万円～数千万円
・取締役：それ以上
というあたりが一般的だと思います。

BtoBの場合でも、ピンポイントでお客様像をイメージすることによって、ニーズが具体化できるのです。

イメージの具体性は「知識レベル」のチェック

お客様の「絵」を描いてみると、お客様についての知識がどれくらいあるのか、一目瞭然でわかります。「絵を描く」ことは、自分がお客様のことを十分に深く知っているか、というチェックにもなるのです。お客様の絵が描けないのは、お客様と接する時間が少ないか、お客様の観察力が足りない、ということですね。イメージできなければ、お客様をよ～く見てみましょう。

イメージが事実かどうかは確認しよう

　イメージスキルを使ったら、必ず事実を確認しましょう。お客様の「絵」は、実際にお客様を見ながら描いている場合はいいですが、そうでなければ「願望」「妄想」に過ぎない可能性もあります。お客様の絵は、後で実際のお客様と見比べて、合っていたかどうかを必ずチェックしましょう。そうしないと、「願望」に基づいて誤った決断をしてしまいます。

　絵を描いた後で実際にお客様を見れば、自分の絵のどこが合っていてどこが違っていたかがより詳細にわかり、次にお客様をイメージする際にはさらに正確になります。つまり、お客様についての知識が深まったのです。お客様の絵を描く→実際にお客様を見る、というサイクルの繰り返しでイメージ力とイメージの正確さが高まるのです。

イメージスキルは鍛えられる！

　イメージスキルは後天的に鍛えられます。静止画イメージも鍛えられます。あなたの周囲にも、家族、同僚など性別・年齢・職業等が異なる方が多くいらっしゃいますよね？　その方々をよく「観察」するのが静止画イメージ力を高めるポイントです。「このような顔かたちや服装をしている人は、どのような考え方をして、どのような行動を取るのか？」という、パターンのようなものを蓄積していくのです。自分の中の「ライブラリー」を増やすのです。

第2章 イメージスキル1：静止画イメージ

　私は、誰かと新しく知り合いになった際には、アタマの中のライブラリーの中から、自分の知り合いの中の誰と近いかという検索をかけます。不思議なもので、雰囲気やビジュアルが似ている方は、大体同じような性格・タイプをしていることが多いのです（統計をとってないので気のせいかもしれません）。体格の良い方は豪快な方が多く、細い方は繊細な方が多いというのは、ある程度統計的にも確かめられているようです。このような「練習」によってイメージ発想のスキルは鍛えられます。

　イメージスキルを鍛えるのは、難しいことをするのではなく、身近な人の行動パターンや言葉遣いなどを見て聞いて、自分のライブラリーに蓄積する、という日常生活でできることなのです。お客様の写真を撮らせていただいたり、街を行く人をじっと眺めて、「こんな人がうちのターゲットではないのか？」と考えることも有効です。実際の人を多く見ることで、絵のイメージを自分のライブラリーに「蓄積」するのです。

2 お客様の絵を描くメリット

お客様の絵を描くことのメリットは多くあります。

イメージの確認・共有化

　職場の同僚の方がたで集まって自分達の顧客像を絵で描いてみると、人によってイメージしているターゲット像は違うことが多いものです。

　30代男性、などの抽象的な顧客の定義では具体性がないた

めに、みな賛成するかもしれません。しかし、「絵」で「具体化」すると、ターゲットの認識に差があることがわかることが少なくありません。

よく、「シニア層をターゲットにしよう」と、「言葉」だけでターゲットを表現することが実際にあります。しかし、シニア層と言っても千差万別で、
　・杖をついてゆっくり歩いている年金生活者
　・ヨーロッパに山歩きをしに行く富裕層（実際にいます）
など、色々な方がいます。

「シニア層」という**言葉だけの表現は、上滑りする空虚な顧客像になってしまうのです。ターゲットを考えるときには、絵で具体化して、チームメンバーで共有しておくと、ブレ・ズレがなくなります。**

イメージを具体化すれば具体的なアイディアが出る

「30代男性」という抽象的な顧客像に対しての販促策を考えると、曖昧なモノになります。しかし、

「3歳の子供がいて、奥さんは専業主婦、年収700万円、平日は7時に家を出て20時に帰宅して家でご飯を食べる。土曜はショッピングセンターに車で家族で買い物に行き、日曜は家でゆっくりする。読む雑誌は日経ビジネスという36才男性」

に対する販促策なら、具体的なアイディアが出しやすくなりますし、広告媒体も絞られます。**ターゲット像が具体的であるほど、アイディアも具体的になります。**「具体性と一貫性」の「具体性」ですね。

ターゲット像を無数に書いていくと、販促アイディアも無数に出てきてキリがなくなります。そのときは要素分解の「グルーピングとレベル合わせ」を使い、モレ・ダブリをチェックしながらまとめます。**イメージスキルから論理スキルに戻すわけですね。**

3 論理とイメージのやりとり

イメージ発想と論理思考をやりとりして両方のいいとこどりをする、というのは本書のキーテーマです。

ここでは、イメージスキルの「静止画イメージ」と論理スキルの「要素分解」のやりとりをしていきましょう。

要素分解から静止画イメージへ

商品や販促の企画などを考えるときの順番として、要素分解などの論理思考から入っても構いません。ターゲットを考えるときも入り口は「30代独身男性」でいいのです。家計調査などのデータを調べ、その層は購買力が大きいことがわかったから、などの論理的な理由から入るのもOKです。しかし、そこで「よし、ターゲットは30代独身男性で決定」で思考を止めてはいけません。必ず静止画イメージで具体化しましょう。ポ

イントは、「20代か30代か」ではなく、「どんな」30代の方かと具体的に考えることです。**それにより、具体性やライブ感のなさという論理スキルの弱点を補うのです。**

　万能な考え方、というのはありませんので、論理スキル、イメージスキルを使い分け、より発想豊かでより考え抜かれたアイディアや企画にしていくのです。

静止画イメージから要素分解へ

　もちろん、イメージできるお客様像は一通りではないでしょう。お客様を絵でイメージしようとすると、恐らく何通りかのお客様がアタマに浮かぶことでしょう。

　そこで、「要素分解」の「グルーピングとレベル合わせ」を使って構造化しましょう。

　同じ25歳男性でも人によってニーズは違うでしょうから、まず静止画イメージで「どんな25歳男性か」をイメージします。茶髪でピンクのシャツのビジネスマンと、黒髪で白いシャツのビジネスマンは違うでしょう。25歳でも35歳でも、黒髪で白いシャツのビジネスマンであれば、嗜好・趣向は似ているかもしれません。

　すると、年齢よりも服装をセグメンテーションの切り口に使ったほうがよい、となるかもしれません。その場合「グルーピング」の基準（セグメンテーションの切り口）は服装になります。果たしてそのようなセグメンテーションが可能かどう

か、は実際にデータを集めたりして論理思考でチェックします。

このように、**論理思考で考えたことの肌感覚的現実感をイメージ発想で具体化し、イメージ発想の論理的一貫性を論理思考でチェック**します。論理思考は無機質だが正確、イメージ発想は現実感があるが正確さに欠ける、と一長一短ですので、相互にやりとりして補完し合います。これが、本書の構成が論理スキルとイメージスキルがバラバラになっている理由です。

「要素分解」をイメージで表す

論理的な要素分解も、「イメージ」で「絵」として表現できます。

第1章で私は、このような図を使いました。

「全体」「部分」がイメージしやすい

人間

男性	女性

未成年男性	成年男性	未成年女性	成年女性

前のページの図は、部分の総和が全体になることが、パッと視覚的にイメージでわかりますよね？

　ところがロジックツリーなどで表現される図は、一般的には次のようなものが多いです。

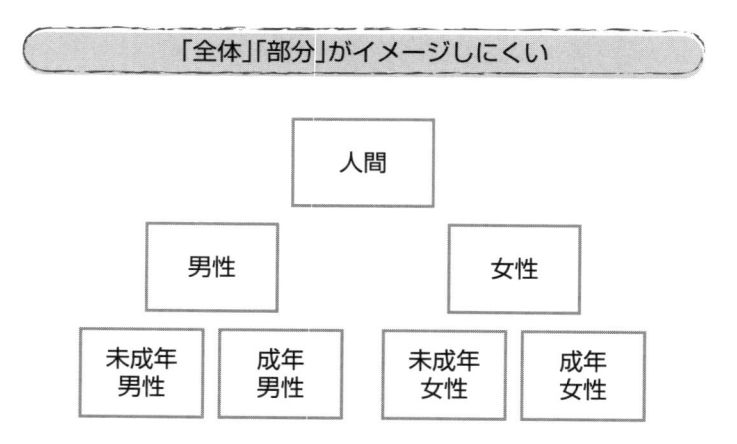

```
「全体」「部分」がイメージしにくい
```

```
            人間
        ┌────┴────┐
       男性       女性
      ┌─┴─┐     ┌─┴─┐
    未成年 成年  未成年 成年
    男性  男性  女性  女性
```

　これですと、全体と部分の総和の関係がイメージしにくいのです。**論理的には言っていることは全く同じでも、「イメージ」に合う表現をしたほうが伝えやすく、わかりやすく、考えやすいのです。**

　人間はそれほど「論理的」ではないのです。

3 利用場面の絵を描いてみよう

お客様の絵を描くのは、実はまだ序の口です。この静止画イメージをマーケティングで使うときの最強の使い方は、

「お客様が自分の商品を使っている場面の絵を描く」

ことです。

1 ベネフィットは利用場面で実現される

お客様は商品・サービスを通じて、価値を買っています。お客様はカレールー・じゃがいも・野菜・肉、を通じて、「おいしいカレーライスの夕食」を買っています。マクドナルドでは「ハンバーガー」「コーヒー」を通じて、「友人とのおしゃべり」「手軽で早い便利な食事」「コーヒーでほっと一息つける時間」を買っています。

このような**「お客様にとっての価値」**が**「ベネフィット」**で、マーケティングにおいて最も大事な考え方です。

しかし、このようなベネフィットを把握することは、結構難しいのです。お客様に直接聞いても、的を射ていない答えが返ってくることも少なくありません。そこで役立つのが利用場

面の絵を描くことです。

ベネフィットは「利用場面」で具現化されます。売り手は売ったときが終わりですが、買い手は買ったときが「始まり」です。そして、**「利用場面」が、お客様にとって一番大事なとき**です。

例として「日本そば」（乾麺）の利用場面を考えてみましょう。

まず、おそばを「料理」する「利用場面」を考えてみましょう。料理という利用場面の「絵」にはどんなものが描かれるでしょうか？

・ゆでるためのなべ、水
・つゆを作るためのかつお節、醬油、みりんなど、またはめんつゆ
・天ぷら、かきあげ、揚げ玉、油揚げなどの具材
・薬味のネギを刻む包丁とまな板

などが利用場面になります。これらを一緒に陳列して売れば、そばも天ぷらも売りやすくなります。これはお客様の利用場面を考えれば簡単に思いつくことですが、意外と実行されていません。先日、私が利用する某スーパーマーケットには、まさにこのような「そばコーナー」がいわゆる「エンド」で陳列されていました。そば（乾麺）、めんつゆ、かつお節などが一つのコーナーとして陳列されていたのです。

これは当たり前のようで実はかなり画期的なことです。多くのスーパーマーケットでは、そばの隣には、パスタやうどんがおいてあります。そばの隣にめんつゆは無いのです。パスタの隣にはパスタソースではなくうどんが置いてあるのです。「その方が探しやすい」と言われるかもしれませんが、それは私たちがそのような売り場に慣れてしまっているからだと思います。

❷ 利用場面の絵を描いてみよう

　では、お客様があなたの商品を使うときのシーン、利用場面の絵を描いてみましょう。

- **誰が？**　具体的に、どんな人が
- **誰と？**　1人で、あるいは複数で？
- **どこで？**　会社内？　移動中？　家の中？　どんな部屋で？
- **いつ？**　平日・休日？　何時？　何してるときに？
- **どのように？**　他に使うものは？　他に使う器具は？
- **どう使うか？**　そのときの気分は？　表情は？

　とにかく具体的に、部屋の明るさ、匂い、表情、などまで詳細を書いていきましょう。そして、お客様も、先ほどの「お客様の絵」の要領で髪の毛の色、使っているときの表情など、具体的に書き込んでください。利用場面は、「どんな人」が「どう使うか」、というセットです。

〈ざるそばの利用場面〉

　これは、3人家族がざるそばを食べるときの利用場面の絵の例です。利用場面の絵は1枚とは限りません。同じ人でも色々な場面で使う可能性があります。まずはたくさん書いてみて、あとで「要素分解」で構造化すればよいです。

　人によって利用場面は違うでしょうし、利用場面が違うから分けて対応する、というのがセグメンテーションです。「利用場面の違い」を軸にセグメンテーションをする、というのも良い方法の1つです。

③ 利用場面が描けなかったら見せてもらおう

静止画ライブラリーを増やそう

　利用場面が描けなかったら……お客様に実際の利用場面を見せてもらいましょう！　それが「現場を見る」ということです。**利用場面を知ることは、真のベネフィットを知る上で、非常に有用**です。あなたの売り物がどのように使われているのか（あるいはいないのか）、ご興味ありますよね？

　仲の良いお客様や協力的なお客様に頼み、実際に使われている場面を色々と見てみましょう。もし見たことがないのなら、そこにはおそらくは驚くべき発見があるはずです。イメージした利用場面が本当かどうかを検証するためにも、ぜひお客様の利用場面を実際に見てみましょう！

　BtoBでも同じです。生産財を製造・販売している場合なら、お客様がそれをどのように使って何を作って、その先はどのような顧客に販売しているのか、などを知るのです。**BtoBの場合は、特にお客様のお客様を知ると多くの発見があることが私の経験上多いです。**

　結局、**マーケティングは会議室ではなく、「現場」すなわちお客様の利用場面で起きている**のです。多くの「現場」を見て、自分の「静止画ライブラリー」に蓄積していくと、イメージ発想力が高まります。私が静止画ライブラリーに入れたいような面白い場面に出会ったら、「カシャ」とつぶやいて、アタマの中のカメラに撮影する、というイメージをします。そのよ

うにして日々静止画ライブラリーを蓄積していくのです。

お客様知識のチェックになる

さらに言うと、そのような、

・どんな人がお客様で
・どんな場所でどのように使われるか

という利用場面を見た経験（静止画ライブラリー）の蓄積が、描ける絵の枚数と具体性を決めます。すなわち、利用場面の絵の具体性や正確さは、

「どれくらい現場を知っているか？」

という、現場知識の厳しい試験でもあるのです。

　自分のお客様に、そして自分の商品の利用場面に注意を払い、真剣に見て、そのイメージを蓄積していく、それがイメージスキルの本質です。**イメージスキルというと想像力・創造力のようにも取れますが、そうではなく、お客様とその利用場面についてどれだけ見てきたか、という蓄積なのです。**

「ベネフィット」（お客様の価値）を考える際も、ターゲット像を考える際も、漠然とふわふわしたイメージではなく、

「どんな場面でどんな人がどのように使っているのか？」

と、具体的に考えましょう。絵を描くのは単純なことですが、単純なことほど難しく、奥が深いものです。ぜひやってみてください！

4 利用場面は「人×TPO」

ここで、利用場面の絵が描きやすくなるように、利用場面についてもっと深く考えていきましょう。

利用場面を要素分解すると、「人」×「TPO」と言えます。 TPOは、Time（時間）、Place（場所）、Occasion（使い方）の3つです。つまり「どんな人が」「いつどこでどのように」利用するのか、を考えるのです。

人：どんな人が
- 具体的にどんな人が？　性別・年齢は？　職業は？　趣味は？　髪型は？
- 誰と？　1人で、あるいは複数で？

まずは、どんな人がどんな人と、ということから考えましょう。先ほどの「お客様の絵」ですね。具体的な髪型までイメージしましょう。通常、これが顧客ターゲットになります。

Time（時間）：いつ

・いつ使う？　季節は？　曜日は？　平日・休日？　何時？　何してるときに？　何をしながら？

「人」の次はTPOです。TPOの1つめは「時間」です。大きな意味では季節です。冬と夏では食べるものも着るものもニーズが変わります。BtoBですと、決算月は忙しいです。曜日によっても違い、月曜日の夜より金曜日の夜の方が外食は多いでしょうし、食卓も豪勢でしょう。

　狭い意味では、1日の中の時間帯です。朝は眠気覚まし・覚醒ニーズで、夜はリラックス・お休みニーズでしょう。ですから食べるものも違います。朝からお酒は飲まないでしょうし、寝る前にリポビタンDなども飲まないでしょう。

Place（場所）：どこで

・どこで使う？　地域は？　会社内？　移動中？　家庭内？　どんな部屋？

　TPOの2つめは「場所」です。広い意味では地域です。北海道と沖縄ではニーズが違うでしょう。オフィス街と住宅地でも売れるものは違うでしょう。屋内と屋外でも違いますね。ペットボトルは、室内で飲んでいたお茶を外に持ち出せるようにしました。

　狭い意味では、家の中でもどこで使うか、です。キッチン、ベッドルーム、居間、書斎などでやることはそれぞれ違いま

す。キッチンにあるのはパソコンではなく冷蔵庫です。パソコン不要のポータブルプリンタは、プリンタの場所を居間などに広げようとしたものですね。

Occasion（使い方）：どのように
・どのように使うか？　使う器具は？　他に一緒に使うものは？
・そのときの気分は？　表情は？

TPOの最後は「使い方」です。どう使うか、それと一緒にあるべきもの、使うものは何か、その前後にすることは何か、などです。

例として、ガムの利用場面を人×TPOで考えてみましょう。

人
・男性？　女性？　何歳くらい？
・職業は？　学生？　ビジネスパーソン？　主婦？

Time（時間）：いつ
・朝？　昼？　夜？
・食後？　移動中？　会議中？

Place（場所）：どこで
　・屋外ならどこ？　電車の中？　クルマの中？
　・屋内ならどこ？　会社の机？　家の中のどこ？

Occasion（使い方）：どのように
　・食後の臭い消し？
　・眠気覚まし？
　・気分転換？
　・1人で？　友達と分ける？
　・虫歯予防？

　などなどの絵を描いてみるのです。最近プラスチックボトル入りの粒ガムをよく見ますが、それまで屋外消費が中心だったガムを屋内消費に広げた、ガムメーカーの悲願のヒット商品とも言えます。ガムのTPOを広げたのです。

　利用場面の絵を描くことは、ぜひ複数の人とわいわいがやがやとしてみることをお勧めします。リラックスして「ワイガヤ」でするのに適しています。これは遊びのように見えて極めて高度なマーケティング手法です。しかし、それを感じさせずにみんなでできる、というのはこの手法の大きなメリットの1つです。

5 利用場面と要素分解：ホールプロダクト

　ここで、利用場面と相性の良い、「ホールプロダクト」という考え方をご紹介します。直訳すると、「全体の製品」ですが、意訳すると、「お客様にとっての価値全体」ということです。

お客様にとっては商品は「部分」でしかない

　私たちが売っている**商品は、お客様にとっての価値「全体」から見ると、「部分」**なのです。

　どういうことかと言うと、お客様は製品を通じて価値を買っています。「乾麺のそば」を通じて買っているのは、例えば「おいしいざるそばの昼ご飯」ですね。当たり前です。

　となると、お客様にとっての「全体」は、「おいしいざるそば」です。そして、「乾麺のそば」は、「おいしいざるそば」の1つの「部分」です。「おいしいざるそば」という「全体」を構成する他の「部分」は、刻んだネギ、そばつゆ、揚げ玉、唐辛子、食器、箸、などですね。あなたが乾麺のそばを売っていたとしても、それは「おいしいざるそば」というお客様にとっての価値の一部でしかありません。

　BtoBで生産財を売っている場合でも同じです。印刷会社が提供する価値は何でしょうか？　例えば、DMの印刷を受注したとすると、それは「売上を上げるDM」というホールプロダクトの一部でしかなく、「優良な顧客リスト」「切手」「よく練られたキャッチコピー」などが合わさって「売上を上げる

DM」という価値全体になります。

「乾麺のそば」の上位概念は何でしょうか？　論理的に考えれば「乾麺全体」のうどん、そば、パスタ、などかもしれませんが、**マーケティングにおいては、「乾麺のそば」の上位概念は、お客様にとっての価値である「おいしいざるそば」なのです。**

利用場面と「要素分解」

このような発想は論理思考ではできません。「利用場面を画像で考える」というイメージ発想によって可能になるのです。

このような「お客様にとっての全体」が「ホールプロダクト」です。おいしいざるそばが「ホールプロダクト」で、乾麺のそばは、「部分」になります。

もうおわかりでしょう、これは第1章の「要素分解」の切り口になります。**お客様にとっての「価値」を「全体」として、その「全体」を「部分」に分解していくのです。**私たちが売っている商品は、「全体」ではなく、その「一部」なのです。**要素分解の構造化の切り口として、「利用場面」を使うのです。**

また、そばの上位概念（価値全体）はざるそばではなく、12月31日なら「年越しそば」でしょう。マーケティングにおけるこのような論理関係は流動的なのです。TPOによって価値は変わるのです。論理スキルの「要素分解」ではそれはできま

せん。利用場面を「絵」で考える、というイメージスキルによって可能になるのです。このように、論理スキルの弱点をイメージスキルで補完するのです。

ホールプロダクトは「人」によって違う

さらに、「おいしいざるそば」は、次の上位概念の「部分」になります。次の上位概念は、「家族の楽しい食卓」かもしれませんね。すると、そこには食べる「人」がいます。「人」によって食べ方や好みが違うかもしれません。

例えば、子供がいる家族の場合だったら、子供用に食べやすい食器があるといいかもしれません。すると、ざるそばフェアをする場合も陳列するものが違ってきます。若い方なら、もっとボリュームが欲しいかもしれません。であれば、総菜、特に天ぷらやコロッケを一緒に陳列すれば売れるかもしれませんね。

このように、「人」と「食べ方」(つまりTPO)をつなげていきます。先ほどやった「お客様の絵」と、「利用場面の絵」はここでつながります。**「利用場面の絵」に「人」を具体的に描くと、セグメンテーションと利用場面がつながり、人×TPOが1枚の紙で同時に表現できるのです。**

マーケティングの要素分解は単独では成立せず、このような「絵で考える」イメージスキルで補完する必要があることがおわかりいただけるかと思います。

6　論理とイメージのやりとり

　イメージスキルを使ったら、論理スキルとやりとりをします。利用場面の静止画イメージも、論理スキルの「要素分解」へと渡します。要素分解とは、「全体」と「部分」の相互関係でした。「全体」が「部分」に分けられ、「部分」を全て足すと「全体」になります。

　ホールプロダクト（価値全体）は、要素分解でいう「全体」にあたります。そして、あなたが売っている商品が、その「部分」になるのは、既に説明した通りです。

　果物店を例にとって考えてみましょう。この店は1人暮らしの20〜30代有職独身女性が多い住宅地の駅に立地していて、このターゲットを取りたいと考えているとします。
　すると、例えば「手軽でヘルシーな朝食」がお客様にとっての「全体」（ホールプロダクト）になります。果物はその「部分」です。その静止画イメージを人×TPOで描いてみましょう。

人：どんな人が
・20〜30代、1人暮らしの若い独身女性。恐らくは働いている。店の前を通る方々の服装から事務職と予想。

Time(時間):いつ果物を食べるか
- 朝7:00ごろ。髪の毛のセット、メーク、とあわただしく、朝食を作っている時間はない。8時前の電車に乗らないと遅刻するため、急いでいる

Place(場所):どこで果物を食べるか
- 20〜30平米くらいのワンルームマンション
- お湯が出る洗面台の鏡の前でブローしながら

Occasion(使い方):どのように果物を食べるか
- ヨーグルトカップに入れて、そのままスプーンで食べる。
- コーヒーも一緒かもしれない

　仮にこんな静止画イメージが描けたとしましょう。この場合の「手軽でヘルシーな朝食」が「全体」ですね。

　この利用場面を「要素分解」するのです。この中の「食べ物」を要素分解してみましょう。「食べ物」は、「食器」と「中身」に要素分解できます。さらに「中身」は、「フルーツ」と「ヨーグルト」に分解できます。フルーツは全体の一部であることがよくわかりますね。さらに突っ込んで考えきましょう。

食器
- ガラスのボウル？　皿だとスプーンでは食べにくい
- スプーン:小さいとヨーグルトがこぼれて服が汚れるの

で、若干大きめ

中身
- フルーツ：忙しいのですぐ食べられるバナナ、イチゴ、ミカンなど。皮を剥くのが面倒なリンゴは厳しい？
- ヨーグルト：低カロリーでお通じにも良いと言われる無糖ヨーグルト

「食べ物」を要素分解するとこうなります。ここまで来れば、色々なアイディアが出るはずです。

- 忙しい朝食として、フルーツヨーグルトのレシピを店頭のポスターで提案しよう。試食してもらってもいいかもしれない。
- その際のフルーツは、バナナ、イチゴなどのすぐ食べられるものにしよう。セット商品にしてもいいかもしれない。
- 無糖ヨーグルトも一緒に売ってみたいが、冷蔵設備が必要になるので投資対効果次第。
- ヨーグルト1人分とフルーツを入れてちょうどよい大きさのプラスチックのボウルも一緒に売ればお客様にとって便利だろう。百円ショップで買ってきて販促のプレゼントにしてもいい。

などと発想が広がります。

朝はスプーンで食べる時間すら惜しいだろうから、ミキサーでシェークしよう、という発想が浮かぶかもしれません。そうであれば、「忙しい朝のヘルシーシェーク」という提案をポスターなどで訴求し、いっそミキサーも一緒に売っていいかもしれません。

　すると店の営業時間も変わります。昼間はその方々は通勤先の会社で働いています。朝通勤途中に果物を買って満員電車に乗って会社まで持って行くことはないでしょう。そうなると、買うのは夜ですね。自店の前の人通りを観察すれば、ターゲットの方々の帰りが何時頃か、というのは見ればわかります。その時間をメインの営業時間にする、という手もあります。

　これが単独のいわゆる果物店だと難しいかもしれませんが、スーパーの果物売場なら、別の売場で売っているヨーグルトまたはその写真、ボール、ミキサーを集めて陳列すれば、いわゆる「クロスMD」がすぐできます。

　このアイディアは、ターゲット顧客の利用場面から始めているので、ターゲットのニーズとも一致します。**ターゲットを具体化した利用場面から発想すると、必然的にターゲットニーズと一致する、戦略的にも一貫性のあるアイディアとなるのです。**

　ターゲットが「30〜40代、子供のいる主婦」で、利用場面

が「夕方の自分と子供のおやつ」であれば、また違った利用場面の絵になり、やることが変わります。むしろ母親が一手間かけるフルーツケーキの方が良いかもしれません。このように**論理とイメージをやりとりしながら、ターゲットとの「一貫性」と提案内容の「具体性」を両立**させていくのです。

　イメージ発想をしたら、それが本当かどうかは必ず検証しましょう。イメージはイメージでしかありません。果物についてこのようなニーズがあるかどうかは、お客様に直接聞いてもいいですし、実際にそのような生活を直接「見る」ことができれば理想ですね。顧客ターゲットに近い生活をする本音で話せる友人がいれば、聞いてみればよいのです。

7　利用場面の絵を描くメリット

　利用場面の「静止画イメージ」には様々な使い方・メリットがあります。

伝えやすく、伝わりやすい

　絵で伝えるのは、社内に対しても社外に対してもわかりやすく伝えられます。

　ソニーの大ヒット商品「ハンディカム」は、販売初期にどんなCMをしていたか、覚えていらっしゃいませんか？　そのときには、「長時間録画」「軽量」などよりも、ある利用場面を訴求していました。それは……**「運動会」**です。ビデオカメラを

売るとき、とくにそのような製品が新しいときには、どうやって使ってよいのかがそもそもわかりません。「運動会を撮って、あとで家族で楽しむ」という具体的な利用場面の訴求は、私はビデオカメラの普及に大きな貢献をしたと思います。

任天堂DSの「脳トレ」は、家族で楽しむ、という利用場面をCMでストレートに訴求しました。「絵」で提案すると、非常にわかりやすいCMになります。

アイディアが広がる

この商品をこんなときにも使える、あんなときにも使える、というアイディア出しのときには絵を描く手法は有効です。みなで集まってたくさんたくさん絵を描けばいいのです。

利用場面を考えるときには、「お客様の絵」があるとさらに盛り上がります。

「こんな人はこんな使い方をするだろうね」
「こっちの人はまた違う方をするよね」

と、**お客様の絵が具体的であるほど、利用場面も具体的に思いつきます**。それが、「**顧客ニーズに合った用途提案**」ということです。利用場面が描ければ、ベネフィットがわかります。そして、**色々な利用場面が描ける商品ほど、様々な使い方ができ、色々な提案ができる**はずですね。こうして、ターゲット顧

客、利用場面などを広げていくのです。

顧客ニーズによりよく応えられる

その利用場面での使い方をもっと便利に、簡単に、さらに楽しくできるような改善方法、使い方をお客様に提案できます。

それは、商品開発などにも使えます。例えば日本酒を売る場合、熱燗している利用場面がイメージできたら、簡単に熱燗できるような器具とか、熱燗の温度を測る温度計をプレゼントするキャンペーンをする、などが考えられますよね。

私の知り合い（女性）があるとき暴漢に襲われて（都心部で夜に普通に歩いていて）パニックになったそうです。最終的には事なきを得たのですが、いきなり羽交い締めにされて、恐くて言葉も出なかったそうです。「防犯ブザーは持ってないの？」と聞くと、持っていたとしても、いきなり羽交い締めにされたような状態では使えない、ということでした。防犯ブザーの具体的な利用場面を考えると、そのような、ポケットに入っているものを出すヒマすらないのです。

そう考えると、防犯ブザーはベルトに結んでおいて、ヒモを引っ張れば音がでる、くらいのものでないと使えないことがわかります。防犯ブザーつきベルトなどのアイディアはありえるのかもしれません。

最近よく見るノートパソコンの利用場面が「立って使う」です。駅のホームや街中でも結構見ます。私も、訪問場所の地図

を印刷し忘れたときなどにはノートパソコンを持ってパソコン上の地図を見ながら探します。立っていても使えるノートパソコンがあれば、一定の売上は見込めると思います。私のメルマガ（売れたま！）でそのような提案をしたところ、「そうなんですよ！　立って使います！」という反響が多くありました。

「商品を考えてから使い方を考える」のではなく、「**利用場面にあてはまるように商品を考える**」という発想をするときに（そしてそれがマーケティングの基本です）、**利用場面を絵で描く**、というのは**極めて効果的な手法**なのです。

4 論理とイメージの やりとりのポイント

　論理思考とイメージ発想は、相互にやりとりして思考・発想していくのがアイディアを広げ、かつ論理的に構造化するポイントです。

　これ以降も、論理スキルとイメージスキルのやりとりを頻繁に行っていきますが、その「やりとり」についてはここでまとめて解説しておきます。

① 論理思考とイメージ発想はアタマを切り替える

　静止画イメージと要素分解のやりとりに限らず、今後も「論理思考」と「イメージ発想」は、同時ではなく、別々に行ってください。論理思考とイメージ発想ではアタマの使い方が違う（と私には思える）ため、同時に行うのは難しいのです。

　今は論理思考、次はイメージ発想、と明確に意識してアタマの使い方を切り替えましょう。

　私の場合、論理思考を行うと、アタマがそういう働き方に慣れ、いきなりイメージ発想には切り替わりせん。切り替えるためにはトイレに立ったり、エスプレッソブレークを入れる、など、若干時間をおきます。私の経験では、先にまずイメージ発想を行ってから、その後で論理思考で整理する、という方がアタマの使い方が楽です。

② イメージ発想は論理思考で検証する

　静止画イメージなどで考えたイメージは、あくまで「イメージ」ですから、正しいかどうかわかりません。願望にすぎないかもしれませんから、論理で事実を検証する必要があります。

　具体的な35歳男性のイメージを描いたら、では、実際にそういうイメージの人はいるのかいないのか、いるとして何人くらいか、などを検証する必要があります。それは、例えば数値

化したり、背後にあるロジックは何なのか、などと考えます。

　イメージ発想だけで物事を決めると、「勘と経験」で決めることになります。「オレはこう思う」で決めるのは、少々危険です。イメージ発想の弱点はその点にありますので、イメージ発想をしたら論理思考で検証しましょう。その意味でも、イメージ発想と論理思考の相互補完が重要なのです。

3 イメージ発想で論理思考を膨らませる

　イメージ発想によって、行き詰まっていた論理思考が発展を再開することもあります。

　要素分解の弱点は、切り口の選び方が難しいことです。難しい、ということが意識すらされていないこともあります。セグメンテーションで言えば、BtoCの場合、無条件に「性別・年齢」、BtoBであれば無条件に「企業規模」「業種業態」から入ることが多いです。しかしその切り口が正しいのか、という検証はあまりされません。論理思考は抽象度の高い思考ですので、現実感がありません。それを補うのがイメージ発想です。

　セグメンテーションの切り口に性別・年齢、読む雑誌、を使っていたとします。しかし、静止画イメージで絵を描いてみたら、休日にどこにいるのか、家にいるのか、繁華街にいるのかが重要な軸ではないかと思いついたりします。するとそれが新たなセグメンテーションの軸になるかもしれません。

35歳の男性でも、休日に家でゆっくりしたい35歳男性は休日に家でゆっくりする25歳女性とニーズが近いかもしれません。繁華街を飛び回る35歳男性は、繁華街を飛び回る25歳女性と近いニーズを持っているかもしれません。
「休日にいる場所」を静止画イメージで考えてみると、
　　・自宅
　　・徒歩圏内の場所（スーパー、コンビニ、書店）
　　・大きな繁華街
　　・友人の家
　　・親の家
　　・野山
　　・カルチャースクール

などがあげられたとします。

　ここまで考えてから、これを要素分解に戻し、「グルーピングとレベル合わせ」でモレ・ダブリのないように整理するのです。それが論理的にうまくいけば使えばいいですし、ダメであればまたイメージ発想に戻ります。

　この例が正しいかどうかはともかく、このように、イメージ発想と論理思考を「やりとり」するのです。

論理思考は必ずしも論理だけで終わらない
　すると、論理思考は必ずしも「論理だけで終わらない」とい

うパラドックスがおわかりいただけるかと思います。

　切り口が決まれば、例えば「性別」で切るというところを決めれば、あとは「男性」「女性」と論理的に切ることができますが、しかし、なぜ「性別で切るか」というのは論理的に決められません。もちろん、統計分析を行って変数の寄与度を見る、ということはできます。それでも、統計分析を行う際には、変数を決めます。その変数がそれでいいのかという検証ができない、という意味では同じです。**要素分解の切り口は論理的に決めにくいのです。**
　だから、「現実感」「肌感覚」でチェックします。「現実感」「肌感覚」に強いのが、イメージ発想です。お客様の絵を描いてみて、そこから分ける意味の大きい切り口を選ぶ、という手法がよいのです。繰り返しますが、イメージ発想と論理思考は相互に補完しあうのです。

5　成功事例

　ここで、「利用場面」を具体化して売上を上げている例を紹介しましょう。

　アサヒフードアンドヘルスケアの栄養補給菓子「１本満足」

が2009年2月現在、ヒット中です。日経POSデータでは、1本満足は2008年12月のコンビニ来店客千人あたり販売金額は「シリアルチョコ」が2位、「シリアルホワイト」が4位と、「カロリーメイト」「ソイジョイ」の牙城を切り崩し、未だに増減しながらも右肩上がりで成長中。

「1本満足」は、30〜40代の男性が「夕方」にチョコレートバーをよく買う、という「時間帯」に着目。「30〜40代男性」という「人」と、「夕方小腹がすいたとき」という「TPO」の組み合わせで考え、夕方以降に食べることを提案し、ヒットしました。パッケージには「夕方からの頑張りに！」、HPでは「働く男性の応援食」と大きく書いてあります。実際の購入傾向も30〜40代の男性の購入比率が高く、時間帯別では栄養補給菓子は朝に売れますが、1本満足は夕方や夜の売れ行きが良いそうです。(参考資料：2009/01/19, 日経MJ P.2)

　日用品市場の雄、P＆G。日本でも液体洗剤のシェアトップです。液体洗剤でP＆Gがやったのは、徹底的なTPOのPlaceの調査。小売店の売場と家庭の洗濯機置き場を徹底的に調べました。家庭の洗濯機置き場は狭く、大きい容器はおけません。そしてそこには粉末洗剤の容器がおいてあります。そこでP＆Gは、それまで縦長で安定感がなかった液体洗剤の容器を粉末洗剤と同程度の横長の容器にしました。それは小売店では売場で目立つ、という効果もあります。

　数字などの無機質なデータでは、これが見えてきません。売る現場（小売店の棚）、使う現場（洗濯機置き場）を徹底的に

検証したからこそ、「容器の大きさ」のようなアイディアが出るわけですね。

今でもP&Gでは、社長が10日に一度はドラッグストアで顧客の行動を観察したり、幹部は消費者の家に3ヶ月毎に訪問したりしているそうです。(参考資料：2009/01/26, 日経MJ P.1)

マーケティングの大きなヒントは「お客様の利用場面」にあります。今の時代はここまで具体化・特化しないと、お客様のココロに刺さらない、そして差別化できないという時代になってきました。

そして、そこまで特化しても、売上規模は狙えます。「1本満足」の場合、人×TPOで考えると「夕方の男性」は空白の「戦場」だったのですね。そこはカロリーメイトでもソイジョイでもなく、むしろチョコレートバーが「競合」で、見逃されていたのです。チョコレートバーであれば、「栄養」を「差別化ポイント」として勝てます。このようなマス向けの商品で、「夕方」とまで特化しても、そこで2位、4位、となれるのです。このような例は多くあります。特化したら売れない、という場合には、特化したことではなく、特化の仕方・切り口に問題があることが多いのです。

第3章

イメージスキル2：
つぶやきイメージ

お客様になりきって、お客様の言葉でつぶやこう

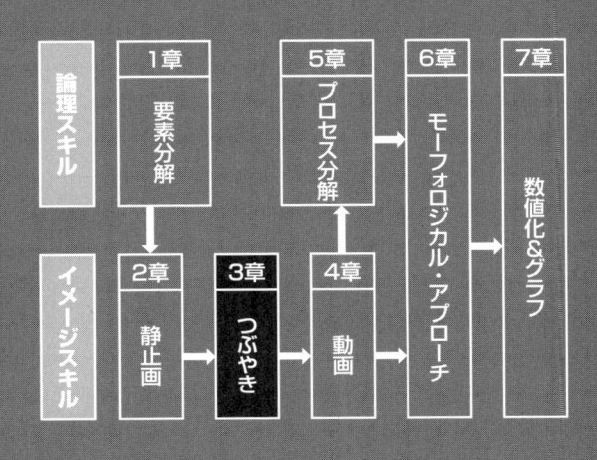

...

論理スキル	1章 要素分解		5章 プロセス分解	6章 モーフォロジカル・アプローチ	7章 数値化&グラフ
イメージスキル	2章 静止画	3章 つぶやき	4章 動画		

1 つぶやきイメージとは

　イメージスキルをさらに発展させていきます。静止画イメージの次は、「つぶやきイメージ」です。静止画イメージは「絵」で発想しましたが、次は、「言葉」で発想します。ここでいう言葉とは、自分の言葉ではなく、**お客様が使う言葉**です。

　マーケティングを一言で言えば、「お客様の立場に立つ」ということです。「売れない」究極の原因は、お客様の立場に立つことが難しいからです。
　しかし、「お客様の立場に立とう」というスローガンだけではそれはできません。どのマーケティング本でも「お客様の立場に立て」とは言われますが、その具体的な手法が体系化されているのはほとんど見たことがありません。本書ではそれを試みています。

　お客様の立場に立つ1つの手法は、先ほどの「静止画イメージ」でした。お客様の絵や利用場面をイメージして、お客様をよりリアルに感じました。これをさらに発展させて、お客様のココロをシミュレーションします。

お客様の「心のつぶやき」

　お客様の立場に立つ上で非常に効果的な手法の1つが、「お

第3章 イメージスキル２：つぶやきイメージ

客様の言葉で話す」ことを考えてみることです。お客様の「心のつぶやき」をシミュレーションするのです。

　何かをするとき、私たちは無意識に心で色々つぶやいていますよね。

　　・あー疲れたなあ……
　　・ちょっと小腹が空いたな……
　　・これ、おいしいな！

お客様が何を買うか選ぶとき、何かを買うときも同様です。

　　・どれにしようかな……　あ、これカワイイ！
　　・これ、おいしそう……いくらかな……？　これならいいか
　　　……でも一応他の店も見てみようかな……

などなどの無意識の心のつぶやきを経て、購買、となるはずです。そのお客様の「心のつぶやき」を、お客様になりきって話してみる、というのがこの手法です。
　静止画イメージのお客様の絵や利用場面は、お客様を「外面」から見ていますね。さらに、その絵の中のお客様の「心の中」まで入り込んでいくのです。

　アタマの使い方としては、静止画イメージが「目」で考えるとすれば、今度は「口」で考えます。もちろん、「目」や「口」

107

では考えられませんが、そこに意識を集中して、五感でイメージする、ということです。

2 「ベネフィット」をお客様の「つぶやき」で考えよう！

　私たちがマーケティングする、販促企画をする、営業をする、などのときは、どうしても売り手の言葉を使ってしまいがちです。しかし、買い手であるお客様は、お客様の言葉で考え、話します。そこに、売り手と買い手（お客様）のギャップが発生し、お客様の立場に立てなくなります。

　お客様にとって大事なのは、「私にとってどういいのか、私をどう幸せにしてくれるのか？」ですよね。それがベネフィット（お客様にとっての価値）です。ベネフィットをお客様の言葉で考えると、よりお客様の立場に立ちやすくなります。

　つぶやきイメージをする上で重要なポイントが2つあります。

① 主語をお客様にする

　ポイントの1つめは、「主語をお客様にする」ことです。主

語をお客様にすると、強制的にお客様の立場で考えることになります。

　御社の会社案内や商品案内をご覧ください。「スピード10％アップ！（当社比）」などの言葉がパンフレットには載りますが、この言葉の主語は誰ですか？　「製品の処理能力」などの「売り手」や「製品」が主語でしょう。ほとんどのパンフやHPでは、「自社」や「商品」が主語になっています。

　しかし、お客様にとって大事なことは、「自分の仕事が何時間くらい減るのか？」ということです。「スピード10％アップ！」をお客様の言葉にするには、例えば、「**（お客様が）** 4時間かかっていた仕事が3時間で終わります」となります。このときには主語が「お客様」になっています。

「どれくらい減るのかはわからない」のなら、お客様の立場で考えたことがなかった、お客様が自分の商品をどう使うか知らない、と言っているようなものです。「それはお客様によって違う」というのはその通りで、だからセグメンテーションをするのです。「静止画イメージ」に戻り、具体的な顧客像をイメージし、その人にとってどれくらい、というのを考えれば良いのです。CMやパンフに使う場合には、「これこれこういう人がこのような使い方をする際には、という条件です」というのを明示すれば良いわけです。

「つぶやきイメージ」では、まずは、主語を「お客様」にすることが重要なポイントです。お客様の立場では、主語は「自分」(＝お客様)です。**お客様の言葉で、お客様の心になって、「私(つまりお客様)にどう嬉しいのか？」と、ベネフィットを考えていき、それを自然な言葉として紡ぎ出していくのです。**お客様になりきることが先で、その結果、お客様の言葉でつぶやくことができるのです。

❷ お客様が使う言葉を使う

つぶやきイメージの2つめのポイントは、お客様が使う、「ナマっぽい」言葉を使う、ことです。

東京ディズニーリゾートに行く理由は何でしょうか？

こう聞くと、非常に高い確率で「非日常的な世界観を楽しむ」という答えが返ってきます。

しかし、家族で「ディズニーランドに行こうか」という話をしているときに、「非日常的」や「世界観」という言葉が使われるでしょうか？ 「(子供の名前)がどうしても行きたいっていうし、行くと大はしゃぎだよね」だったり、「ミッキーに会いたい！」という言葉で話すでしょう。

ここに「使う言葉」のギャップがあり、それが「お客様の立場に立つ」ことを困難にしているのです。

子供が東京ディズニーリゾートに行ったことをクラスの他の子供に話すベネフィットは「優越感」ですよね。しかし、子供

が「優越感」という言葉を使うはずがありません。

「みんなが聞いてくれて気持ちいいな」

くらいではないでしょうか。こんな言葉すら持っていないかもしれません。

「○×ちゃん（あるいは○×君）が聞いてくれた」

かもしれません。○×ちゃんは、気になるあの子でしょう。

お客様が自然に使う言葉を使い、その言葉で考える、というのが本当に「お客様の立場に立つ」ということです。「お客様の立場に立つ」ことは空虚なスローガンではなく、イメージスキルを使えば、ライブ感、ナマっぽさを伴ってできることです。それが「肌感覚」です。子供の立場に立つときは、子供の言葉を使います。女子高生の立場に立つときは、女子高生の言葉を使います。できなければ、それはお客様の使う言葉を知らない、お客様がわかっていない、ということです。

これは、簡単そうに見えて、実際にやってみると結構難しいことであることがわかります。どうしても、「優越感」のような、売り手の言葉になってしまうんです。
だから、お客様を見る・接する、お客様のおっしゃることに注意深く耳を傾ける、ということが大事なんですね。

3 「つぶやき」でお客様をセグメンテーションしよう！

　ここまで、つぶやきで「ベネフィット」を考えてきました。さらに、この「つぶやき」の違いによって、「セグメンテーション」をすることもできます。

① 人によって言葉遣いが違う！

「性・年齢」のセグメンテーションは、「具体性」を欠きます。同じ20代女性でも、22才の学生さんと25才のビジネスパーソンさんでは全く違いますし、同じ25歳の女性ビジネスパーソンの方でも、職業などによってニーズ・悩みは違うでしょう。その違いは、言葉に表れます。

　ある女子校のスタッフの方とお話しする機会がありました。そのときにうかがったのは、その学校では、中学生・高校生が「ごきげんよう」と挨拶する、というのです。

　さて、仮に「女子高生」をターゲットとする場合、柳原可奈子さんが演じるような「マジウケル」を連発する方と「ごきげんよう」と挨拶する生徒では、同じ女子高生でも全く違いますよね？　学校の帰りに行く場所・することは違うでしょう。「ごきげんよう」の生徒は真っ直ぐ家に帰るか、本屋に寄るく

らいかもしれません。行ってもマクドナルドでしょうか。「マジウケル」生徒は、繁華街でデートかもしれません。洋服の好み、買う雑誌などもきっと違うでしょう。

〈17才高校生の言葉遣い〉

つまり、「セグメンテーション」の切り口の1つが「言葉遣い」なのです。意味のあるセグメンテーションをするためには、そこまでお客様について知る必要があります。

お気づきかもしれませんが、これは「静止画イメージ」と1対1で連動します。見た目（お客様の絵）によってお客様の言葉遣いが変わる（可能性が高い）ということです。

「静止画イメージ」でお客様の絵を考えたら、そのお客様がどんな言葉を使うか、その「つぶやき」をイメージしてみましょう。お客様の利用場面を考えたら、そのお客様が利用場面で喜

んでいる言葉をイメージするのです。それによってますます「ナマっぽさ」、肌感覚的現実感が高まります。

❷ 「つぶやき」=「ニーズ」でセグメンテーションをする！

　さらに、お客様の「ニーズ」は、普段使っている言葉、よくつぶやく「言葉」に表れます。

　極端な話、夏場に冷房の効いた職場で座っている女性は冷え性に悩むでしょうし、夏場に外回りをしている女性は、暑さ、汗に悩むでしょう。すると、悩みも変わってきますよね。そして、そのような違いは「言葉遣い」「つぶやき」に表れることが多いのです。同じ夏に働く女性でも、

〈女性ビジネスパーソンの静止画とつぶやき〉

・冷房の効いた場所にいる方は、「寒いわね」
・外周りをする方は、「汗でお化粧も落ちちゃった」

など、違う「心のつぶやき」(＝違うニーズ)を持っているのです。それによって、昼に食べたいものなども変わるはずです。夏でもオフィスにいる女性は冷房で冷えて、温かいものが食べたいかもしれません。

心のつぶやきがニーズを表すので、その心のつぶやきによってお客様を分類すれば、ベネフィットで直接お客様をセグメンテーションすること(ベネフィットセグメンテーション)が可能になるのです。

BtoBでも同じです。例えばIT部の方々をターゲットにする商品を売っているとします。同じIT部の方でも、専門用語を日常語のように使う方と、そうでない方では、売り方も売るべき商品も変わるでしょう。つまりITリテラシー(習熟度)の高低によって顧客セグメントが変わるのですが、それは、言葉遣いに表れるのです。

私は、顧客セグメンテーションの切り口として、「マニア度」を使うことがあります。初心者とマニアではニーズが全く違いますし、一般的に、マニアは、お金を使ってくれる大切な存在です。マニア度を判別する1つの手法が、言葉遣いに現れる専門用語です。

例えば、私はエスプレッソマニアです。すると、コーヒー豆の焙煎の深さが気になります。焙煎の深さは「イタリアンロースト」などの「言葉」で表現されます。また、エスプレッソをいれるときに豆を押しつけて圧力をかけることを「タンピング」と呼びます。「タンピングを強めにして」のような「言葉」で表現します。このような言葉を使う人は、「マニア」だと判断できます。

　マニアの方に対してと普通の方に対してでは、使う言葉を変える必要があります。マニア向けには専門用語をガンガン使ってマニア心をくすぐるのは効果的かもしれません。しかし、一般人向けにそれをすると、ドン引きされてしまいます。初めてパソコンを買うときに店員さんに「このパソコンのCPUはクアッドコアで……3Dグラフィックの処理速度も……」などと言われたら、帰ってしまいますよね。逆に、パソコンマニアの方が「このパソコンは、インテルという会社のCPU、あ、CPUというのはパソコンの心臓部で……」と親切に説明されたら、「何てレベルの低い店だ」と思われてしまいます。

　このように、お客様がどんな「言葉」を使うか、に、そのお客様がどんな方か、どんなニーズを持っているか、が反映されるのです。お客様のココロの中はわからなくても、使う言葉は聞けばわかります。ですから、「言葉遣い」や「つぶやきの内容」でセグメンテーションをすれば、結構的を射たものができることが多いのです。

昔はこのようなことを実際に行うのは難しく、できたとしても勘と経験でやっていました。最近は「テキストマイニング」（使われる言葉を数えたりして分析する手法）ソフトの登場で、「つぶやきイメージ」も統計処理ができるようになりました。お客様にアンケートをとって、そこからどのような言葉が使われることが多いかを、数値化して分析できる（それが「テキストマイニング」）のです。これもある意味の論理思考（数を数える）と、イメージ発想（つぶやく言葉をイメージする）のやりとりですね。テキストマイニングには大きな潜在力があると私は考えています。

4　強み・差別化も「心のつぶやき」で考えよう！

　ここまでは「つぶやき」を「ベネフィット」と「セグメンテーション」に使うことを考えてきましたが、「強み・差別化」でも同じことができます。

　その場合のつぶやきは、「（競合）でなくて、これにしておいて良かったね。だって（　　　　　）だもんね」

　の（　　　　　）に入るのが「差別化」の「つぶやき」です。

「強み」や「差別化」というのは、比較対象があってのことです。その比較対象とは、「競合」です。

　例としてマクドナルドの強み・差別化を考えてみましょう。

「吉野家じゃなくて、マックがいいよね。だって（＿＿＿＿）からね。」

　の（＿＿＿＿）には何が入りますか？
　・コーヒーとデザートがある
　・ちょっとゆっくりできる
　などでしょう。

　これが、

「スタバじゃなくて、マックがいいよね。だって（＿＿＿＿）からね。」

　であれば、（＿＿＿＿）に入るのは
　・会社に行く途中にあってコーヒーが安く早く買える
　・夜遅くまでやってる
　などかもしれません。

「マクドナルドの強み・差別化は何か？」という堅い言葉で自分の脳に問いかけると、

・店舗数が多い
・低価格
・長時間営業

などの、お客様から遠い、ナマっぽさ・肌感覚に欠ける言葉になってしまいます。特に「店舗数が多い」こと自体は、お客様にとっては直接の価値にはなりません。お客様は何店舗も回るわけではなく、自分の行く先にあって「近くて便利」なことがお客様にとっての「価値」だからです。

このように「つぶやきイメージ」で考える方が、顧客視点での強み・差別化が「肌感覚」としてナマっぽく、具体的に考えられるのです。

❶ 論理思考とイメージ発想のやりとり：強み・差別化を「要素分解」に戻す

このように「つぶやきイメージ」で強み・差別化を考えた後は、また「要素分解」に戻しましょう。モレ・ダブりのない「強み・差別化」の切り口として、私は「3つの差別化軸」をよく使います。差別化の方法は大別すると3つになります。

・**手軽軸**：安く、早く、便利に買える
・**商品軸**：高品質素材・新技術などを使った良い商品
・**密着軸**：個別具体的な自分のニーズに合ったものが買える

という3つです。例えば理髪店・美容院の場合は、手軽軸は10分1000円のQBハウスです。商品軸は、東京で言えば青山、大阪で言えばミナミなどの高感度な街にあるカリスマ美容師がいる店です。密着軸は、行きつけの「いつも通りに」と言えば自分の期待どおりに切ってくれる店です。3つの軸を全て実現することはまず不可能ですので、通常は1つに絞ります。
　さて、ではこの3つの差別化軸で先ほどのマクドナルドの強みの「つぶやき」を「グルーピング・レベル合わせ」してみましょう。

手軽軸の強み・差別化
　・会社に行く途中にあってコーヒーが安く早く買える
　・夜遅くまでやってる

商品軸の強み・差別化
　・コーヒーとデザートがある
　・ちょっとゆっくりできる

となります。この場合、差別化軸の「一貫性」のチェックが必要です。
　手軽軸と商品軸はまず両立しません。「安くて良いモノ」は、競争市場ではまずありえないからです。「安い割に良いモノ」はありますが、それはまさに手軽軸です。手軽軸と商品軸の両方のメッセージを同時に出すと、お客様が混乱します。この例でも、「早く買える」と「ゆっくりできる」は相反するメッ

セージです。ですので、差別化軸を決め、広告表現もその軸に合わせていこう、と論理思考で一貫性を取るのです。

5 つぶやきの言葉がわからなかったら、聞いてみよう、話してみよう！

お客様を知っているかどうかのチェックになる

　静止画イメージのお客様の絵や利用場面同様、つぶやきイメージも、どのくらいお客様と直に接して話しているか、その言葉を覚えているか、というチェックになります。

　お客様の絵は描けても、言葉遣い、というお客様の内面に入り込むことは非常に難しいです。多くの場合、
　「自分は年齢が違うから」
　「性別が違うから」
などの理由で、言葉遣いがイメージできません。

　それでも構いません。そこではじめて、お客様は自分と違うということが認識できます。その気づきを得ることだけでも大きな価値があります。それが、本当のマーケティングの始まりです。「自分が欲しいモノはお客様も欲しいだろう」という考えは、マーケティングの基本で、できなければ困りますが、それは始まりにすぎません。それでは、男性が女性向けの化粧品

や生理用品を売れなくなってしまいます。

「お客様は自分とは違う。では、自分とは違うお客様のニーズをどうやって知ればいいのか」というのがマーケティング有段者の発想です。

そのためには、お客様と話すのです。お客様に聞くのです。そしてその会話内容、言葉遣いをイメージとして「つぶやきライブラリー」に蓄積するのです。お客様との会話が多ければ多いほど、お客様の言葉遣いがつぶやきライブラリーに蓄積されます。そして、イメージ発想をしたら必ずそれが事実かどうかを検証しましょう。お客様と実際に話すことは、自分のつぶやきイメージの事実検証になります。

私は、日本人相手の商売であれば、BtoB/BtoCを問わずかなりの商品について何らかの形でお客様のイメージを持つことができます。しかし、仮に中東の方などがお客様の場合は何もイメージできません。それは、私の中に、そのようなお客様のイメージの蓄積がないからです。逆に、お客様のことをイメージできないということは、お客様のことを知らないということの裏返しなのです。

歌手の松任谷由実さんが、歌を作るときに若い女性の会話を聞くためにファミレスにこもって作った、という話を聞いたことがあります。歌詞に直接使う、ということもあるかもしれま

せんが、使う言葉を聞くことにより、お客様の立場により近くなれるのですね。

6 つぶやき発想のメリット

① 「理論」を「具体化」できる

　マーケティング理論を実戦で使うときの課題の1つは、**理論「だけ」で考えると空虚になりやすい**ことです。
「高所得者層向けに、高付加価値サービスを提供する」という言葉には、理論的「一貫性」はありますが「具体性」がありません。これは極端な例にしてもこのような空虚なプランは実は非常に多いのです。
「高付加価値」などの一見わかったようなわからないような言葉は、反論しにくく、思考停止を招きます。「高付加価値」では「お客様にとっての価値」が具体化されておらず、お客様にとって意味があるかどうかがわかりません。ここからさらに具体的に「お客様の言葉」で考えることによって、より突っ込んで考えられるようになります。
　「高付加価値」と言っても、お客様の言葉は、

・「ボタン1つでできるなんて、こりゃあ楽だね」

（「利便性」のお客様の言葉）
・「すげー、こんなことできるんだ」
（「高機能」のお客様の言葉）
・「これ、絶対壊れないよね」
（「耐久性」のお客様の言葉）

などであり、「高付加価値」ではないはずです。**お客様の言葉で考えていくと、色々なことがどんどん「具体化」でき、やるべきことも具体化され、アイディアも出ます。**

❷ 社内で的確なメッセージとして共有しやすい

社長に「今年は高付加価値戦略で行こう！」と言われたら、社員は何をするでしょうか？

ある人は、素材の品質を上げようとするかもしれません。
ある人は、パッケージを改良しようとするかもしれません。
ある人は、顧客応対システムの投資を考えるかもしれません。

全部正解でもあり、間違いでもあります。何が「高付加価値」につながるのかが具体化されておらず、わからないからです。「早く届く」「壊れにくくなる」「親切な対応をする」などは全て「高付加価値」と言えますが、それぞれやるべきことが全く変わります。「高付加価値戦略」で止まってしまうと、社内コミュニケーションとしても不十分です。

そこで、「お客様はどういう言葉で表現するか?」まで具体化されれば、社内の行動が具体化されます。例えば、

「「早く届いて良かったね」を実現しよう!」
であれば、社員がそれぞれにそのための方策を考えれば、お客様にとっての価値に直結します。**お客様の言葉を使えば、それは社員の方にもより具体的に伝わり、動きやすいメッセージになるのです。**

❸ 広告や営業トークで、より「刺さる」メッセージが出せる

お客様の言葉に近いメッセージ・売り文句だと、お客様に「刺さりやすく」なります。自分の心のつぶやきには、お客様は共感しやすいからです。

実際、名キャッチコピーには、「お客様の心のつぶやき」をポンとうまく言い表したものも多いです。

例えば、昔のセブン‐イレブンのキャッチコピー、「あいててよかった」は見事にお客様の言葉です。30年くらい前は、お店は10〜19時くらいの営業が普通で、会社や学校から遅めに帰ってきたときには買い物ができませんでした。そこにセブン‐イレブンができると、「いやあ夜でもあいててほんと助かったよ」と心でつぶやきながら、コンビニに行くようになったわけです。

「あいててよかった」の売り手の言葉は「長時間営業」です。

「長時間営業しています」という自分を主語にした言葉ではなく、**お客様を主語にして、お客様の言葉に変換したのがセブン－イレブンのすごいところですね。**

「いつかはクラウン」も「刺さる」コピーですね。「優越感」「名誉」「達成感」などの抽象的な言葉を使わずに、お客様が普段使う言葉で表現しているところが見事です。このような、**お客様にとっての「自分の言葉」**だと、お客様の心に、すっと入りやすいので、広告メッセージに適しています。

「長時間営業で利便性が高い」 と **「あいててよかった」**

　では、どちらが心に入ってくるか、明白です。**心に入る方が、より覚えやすく、記憶に残ります。同じ額の広告投資でも、その効果が高まるのです。**DMは私の専門分野の１つですが、メッセージの違いでその効果が数倍違う、ということはよくあります。**つぶやきイメージで広告やDMの効果が上がる可能性は高いのです。**

7　静止画イメージ＋つぶやきイメージ

　ここまでのイメージスキル、「静止画イメージ」と「つぶや

きイメージ」を合体させてみましょう。イメージスキルと論理スキルを同時に行うのは避けたほうがいいですが（別々にやるのは構いません。むしろお勧めします）、**イメージスキル同士を組み合わせて同時に使う、論理スキル同志を組み合わせて同時に使う、というのはむしろ論理思考やイメージ発想の質を高めます。**

　静止画イメージで、お客様の「絵」を描いてみました。ここでその絵を再度取り出して、吹き出しを描いて、セリフを入れてみましょう。セリフは、つぶやきイメージで発想します。お客様はどんな言葉を話しているのか、絵を見ながら、お客様になりきってみましょう。

・普段、どんな言葉遣いをするか
・自分の商品に関するどんな悩みをどう表現するか

をお客様になりきって、つぶやくのです。それがお客様の言葉に近いほど、お客様をよく知っている、ということになります。

　その際、例によって言葉遣いまでお客様になりきってください。女性が男性向け商品の言葉を考える場合、男性の言葉を使ってください。子供向け商品の場合も同様です。
　ちなみに、それはすごく難しいことです。男性が考える女性の言葉は、実際に女性が使う言葉にはなりません。逆もそう

で、女性が考える男性の言葉は、実際に男性は使わないことが多いです。まして子供の言葉遣いなどは非常に難しいです。さらに今の子供と昔の子供では使う言葉が違います。昔の高校生は音楽は「レコードからテープにダビング」しましたが今の高校生は「ネットからiPodに落とし」ます。

外国人が顧客ターゲットの場合もそうです。米国人の方は、結構「Wow！（ワーオ！）」などという日本人にとっては気恥ずかしい表現を普通に使います。そのような言葉を入れていくわけです。で、本当に「うちの商品をみて、「Wow！」と言ってくれるのか？」と検証していくわけですね。その場合、検証するのは簡単で、実際に商品を見せてみればよいのです。

このイメージができなければ、お客様のことをよく知らない、ということです。それがわかっただけでも結構重要です。ただ何となくお客様を見るのと、「自分はお客様の服装も言葉遣いもイメージできなかった。どんな服を着て、どんな言葉を話しているのか？」と意識しながらお客様を見たり話したりするのでは、観察の鋭さ、細やかさが全く違ってくるからです。

これで、お客様の「外見」と「心」がつながります。静止画イメージは「お客様の外見の姿」であり、つぶやきイメージは「お客様の内面のココロ」です。この２つがかみ合うと、お客様がある場面でどんな姿で何を考えているかが明確にあぶり出されます。これだけでも、相当「お客様の立場に立てた」はず

です。競合がここまでやっているということはまずないので、あなたは既に相当優位に立ったことになります。

絵とつぶやきの組み合わせでセグメンテーション

お客様の外見とつぶやきの組み合わせは、何通りもできますね。先ほどもやりましたが、女性ビジネスパーソンをターゲットにランチを売る場合、

・夏の冷房が効いた職場で働く女性ビジネスパーソン
・夏の外回りをする女性ビジネスパーソン

は、お客様の絵もつぶやきも、全く違います。その絵とつぶやきを見ながら考えれば、
・自分の商品がその利用場面とつぶやきにどうフィットするか、どういう価値を提供できるか
・どういう売り方が効果的か、どういう言葉で伝えればより刺さるメッセージになるか
などがより鮮明に、具体的にわかりやすくなります。

さらに、そのような絵・つぶやきで伝えれば、上司・同僚・部下にも伝えやすくなりますし、誤解も減るでしょう。

これが、「静止画イメージ」と「心のつぶやき」という2つの手法のメリットを組み合わせて使用するパワーなのです。

第4章

イメージスキル3：
動画イメージ

お客様をイメージして早送り・巻き戻しをしよう

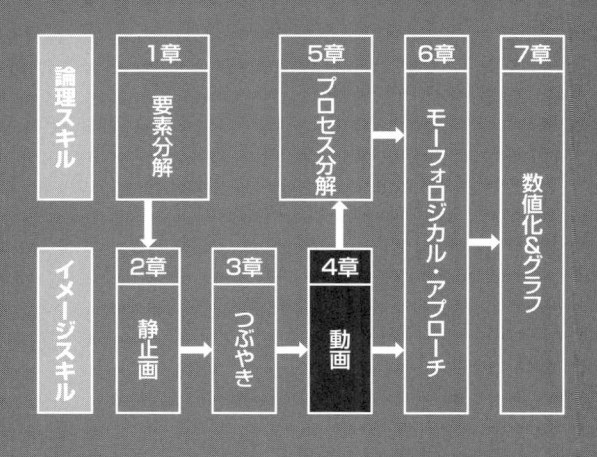

論理スキル	1章 要素分解		5章 プロセス分解	6章 モーフォロジカル・アプローチ	7章 数値化&グラフ
イメージスキル	2章 静止画	3章 つぶやき	4章 動画		

さらに続けて、イメージ発想を発展させていきましょう。次のスキルは、「動画イメージ」です。

1　動画イメージとは

　お客様の絵や利用場面を「静止画イメージ」で描く練習をしてきました。それに、お客様のココロを「つぶやきイメージ」で加えました。

　さらにそれを発展させていきます。静止画を「動画」にするのです。静止画につぶやきを加えると、お客様が言葉を話し、さらにイキイキとした存在として「動く」ようになります。静止画イメージはデジタルカメラですが、動画イメージではビデオを再生するかのように、動画でイメージするのです。

　ここでは「時間軸」という要素が新たに加わります。静止画イメージに、お客様のつぶやきを加え、さらに「時間」という概念が加わると、動画になります。ここまで　静止画→つぶやき→動画　という順に進んでいるのはそのためです。

　お客様の利用場面は、本来静止画ではなく、動画です。アタマの中で「お客様をその場にいて見ているか」のように、動画

を動かします。それが「動画イメージ」です。

2 巻き戻しと早送り

1 動画イメージのやり方

「動画イメージ」をどのようにやるかというと、これは「動画を動かしてみる」しかありません。まずは、お客様の利用場面や購買場面を静止画でイメージします。あるいは、目の前にいるお客様を見ながらでも構いません。

そこから、再生されているビデオを巻き戻すかのように、アタマの中でお客様の意思決定場面まで戻り、どのような場所で誰とどのような会話が起きているかをイメージするのです。

お客様が商品を買う場面は実際に店頭などで見ることができます。BtoBの商談のシーンもイメージしやすいでしょう。そこから動画を巻き戻して、

・お客様は誰といるどういう場面で
・どのような心のつぶやきをしながら、あるいは周りの人とどのような会話をしながら

自分の(あるいは競合の)商品を買うと決めるのか、という動画のシミュレーションを行うのです。

　動画イメージの絶好の例があります。ＳＭＡＰの草彅剛さんが出演されているレンタカーのＣＭ、ご覧になったことはありませんか？　レンタカーを使うときに、いつの間に予約したの、ということで動画が巻き戻されます。巻き戻されて、草彅さんが立ち食いソバ屋でソバを食べている場面に戻り、そこで草彅さんが携帯電話でレンタカーを予約している、あの巻き戻しです。あれを自分のアタマの中でやるのです。

巻き戻し

　実際の時間は現在から未来へとしか流れませんが、アタマの中の動画は過去への巻き戻しも未来への早送りも可能です。

　巻き戻しは、今目の前にいるお客様が、どのようなきっかけで自分の店に来店されたのだろうか、と巻き戻します。

　あなたがイタリアンレストランの経営者だったとします。目の前にお客様が来店されています。その場合、

「お客様はどのようにウチに来ることを決めたのだろう？」

と巻き戻してみましょう。

例えば、飲み会の幹事の方の行動を巻き戻します。予約の電話をいただいた日にち・時間は店でわかりますよね？　それくらいは記録しておきましょう。予約の電話が食事日の2日前の昼だったとします。昼休みに、「2日後に飲みに行こう」という会話があったのかもしれません。あるいは、その前日にメールで決めて、昼休みに電話されたのかもしれません。そして、その「飲みに行こう」と決めるシーンを「動画でイメージ」します。

「じゃあ2日後に飲みに行こうか」という会話は予想がつきますね。さらに巻き戻し、何が「飲みに行くことになった」きっかけなのかをイメージします。イタリアンレストランの場合、どうすればわかると思いますか……？

　単純です。お客様がどのようなメンバーで来ているか、どのような会話をしているかを見れば、職場のお疲れ様会なのか、合コンなのか、がわかります。予約時の会話もポイントです。誕生日ケーキの依頼があったら当然誕生日のお祝いです。

　さらに、そのような情報から「なぜ自店を選んでいただけたのか」、という会話を動画でイメージしていきましょう。このような動画イメージが浮かぶのではないでしょうか？

「じゃあさ、お店どうする？　無難にイタリアンかな……イタリアンだったら、あそこだよね。××××だからさ」

「えー、でもさ、あそこ▲▲▲じゃん。あっちの方がいいんじゃん？　○○○○だしさ」

と、店を比較検討している会話をイメージします。これは、「つぶやきイメージ」がしっかりしていればできるはずですし、目の前にお客様がいればイメージしやすいでしょう。これを手がかりに動画を動かしていきます。

ちなみに、「この店にしようよ。だって○○○○だからさ」という○○○○にどんな言葉が入るか、が自店の「強み・差別化」です。その「強み・差別化」が自店の今の戦略と合っていればさらに強化し、合っていなければ、何かを変える必要があります。

このように、「今」というお客様がいらしているときから時間を巻き戻し、

・そもそも何で買うのか（ベネフィット）
・なぜ他社商品でなく自社なのか（強み・差別化）

などを動画で明確にイメージするのです。

早送りも同じ

自分が目の前で見ているのは、お客様が「買った」場面です。そこから、早送りすると、「利用場面」の動画になります。

お客様が、商品を買った後どのように加工し、どのように使い、どのように楽しみ、どのように捨てるのか、までを動画でイメージします。その動画をイメージしながら、商品の包装、使い方、マニュアル、などの問題点を探したりするのです。

自分の「強み・差別化」を早送りで考えることもできます。先ほどイタリアンレストランの「店に来る前」の動画イメージを動かしましたが、食べ終わって帰るときの動画イメージもやってみましょう。

「この店にして良かったね。〇〇〇〇だったしね」

と帰り際にお客様が言う場合、〇〇〇〇にはどんな言葉が入るか、「おいしかった」のか「落ち着いた」のか「連れてきたお客様が満足した」(接待ですね)のかを動画でイメージするのです。これもお客様の会話を注意して聞いていればできるはずです。

イメージ発想をしたら、事実を確認しよう

繰り返しますが、イメージ発想をしたらそのイメージが事実かどうかを確認しましょう。イメージはイメージでしかありません。

動画イメージの場合も、やはりお客様に直接聞いてみることが一番よいです。仲の良いお客様に根掘り葉掘り聞いてみましょう。イタリアンレストランであれば、巻き戻しの場合は、

来店した動機・理由は何か、自店以外の選択肢（競合）はどこだったのか、その競合から自店を選んだ理由（自店の強み）は何か、などを直接聞いてみましょう。早送りの場合には、自店を出た後どんな店に行ったのか（あるいは帰ったのか）、自店についてどんな会話が交わされたのか、などを聞いてみましょう。もしくは、家族や気心の知れた友人に来店してもらって、率直な意見を聞いてみるのもいいですね。自分の状況に合わせて色々と考えてみてください。

❷ 動画イメージができなかったら……

もし巻き戻し、早送りができなかったら……

では、このような巻き戻し、早送りができなかったら……どうすればよいのでしょうか？

実はこれは簡単にできるものではありません。私が明確にできるようになったのもここ数年のことです。コツは、お客様の購買現場、利用現場の動画データをアタマの中の「動画ライブラリー」に数多く蓄積することです。一言で言えば、「現場を知る」ということです。

先ほどのイタリアンレストランの場合、幹事さんの名前はわかっていますね。ですから、幹事さんに一言挨拶に行って、どんな方でどんな話し方をされるのか、実際に見てみればよいのです。これは無料ですし、すぐできます。

飲み会を開いた理由はお誕生日会、送別会、などかもしれません。それは、予約のときに聞けばいいですよね？　ただ聞いてもお客様には意味がないので、例えば「お誕生日会であれば、本人の方にちょっとしたプレゼントがありますが」などの会話の工夫をすれば、自然に聞けますね。この辺は工夫次第です。

また、自分でも使える商品を売っている場合は、自分で実際に使ってみながら、お客様の気持ちをシミュレーションするのも効果的です。

・持って帰ってみるときには、「持ちにくいな」
・パッケージを開けるときは「これ、どこから開けるんだ？」
・使うときには「どう使うともっとうまくできるんだ？」

などなどのお客様が考えつきそうな疑問・不満を自分でつぶやきながら逐一メモしていくのです。

もう1つのやりかたは、先に論理スキルで考えてから、それを手がかりとして動画イメージへと発展させていく方法もあります。これは、第5章の「プロセス分解」で説明します。はじめのうちはこの方法がやりやすいと思います。

私が動画イメージができるようになったきっかけ

　私はこのような手法を、想像上の理論としてではなく、実際に自分ができるから書いています（当たり前ですが）。

　とはいえ、私がこの「動画イメージ」が意識的にできるようになったのは比較的構最近のことです。明確に意識したのは、拙著『ドリルを売るには穴を売れ』（青春出版社）を書いた2006年ごろでした。この本は物語形式でマーケティングの基礎理論を説いています。

　このとき、物語のプロット（粗筋）はできたものの、筆が進まずにあせっていました。が、集中力が高まったとき、突如アタマの中を映画が流れるかのように物語が勝手に始まったのです。文字通り、動画がアタマの中で流れ始めました。ヒロインが笑い、メンターが話し始め、あとはビデオがアタマの中で勝手に上映されるにまかせ、私はそのビデオをひたすら文字化しました。時間にして3時間くらいでしょうか、動画が結末を迎えたときには、小説が書き終わっていました。アタマの中でビデオの上映が終わったときには何かがカラダから抜け出していき、一気にぐったりしたことを覚えています。その後は、論理思考でチェックし、若干の修正をした程度でした。

　その感覚をつかんで以来、動画をアタマの中で動かすことが、集中力さえ高まっていれば比較的自由にできるようになりました。それまで私は物語や小説を書いたことはありませんでしたし、そういう勉強をしたことすらありません。ですから、この動画イメージは訓練次第で誰にでもある程度はできるスキ

ルなのだと思います。

　無から有が生まれるわけではないと思います。自分の中の蓄積が、このようなものにつながるのだと思います。私が今までに経験した仕事やその中でのやりとり、職場でのシーン、プライベートでの情景などなどがアタマの中に意識的にライブラリとして蓄積されていたからできるようになったのだと思います。

　私の中でも動画イメージ力は進化していて、『ドリルを売るには穴を売れ』を書いた当時は、動画がまだ白黒でした。2年後の『白いネコは何をくれた？』（フォレスト出版、これもマーケティングの物語の本です）になると、それに色がつきました。『白いネコは何をくれた？』ではある色がストーリーの中で重要な役割を果たしています。自分の中でもイメージスキルが進化している、つまり、イメージスキルは後天的に鍛えられる、ということの実証でもあります。

3　動画イメージのメリット

　動画イメージのメリットは、「静止画イメージ」のメリットと「つぶやきイメージ」のメリットを足したものです。静止画

イメージ、つぶやきイメージのところで既に書きましたので繰り返しませんが、さらに加えるとすれば、陳腐ですが、本当の意味で「お客様の立場に立てる」ということです。

　お客様を動画でイメージするためには、徹底的にお客様のことを知る必要があります。お客様がどのように行動し、何を話題にするのか、そしてそれは人によってどう違うのか、などまでわからなければできないからです。

　すると、広告を作る際に使えます。どのような広告ならお客様の目がどのように止まり、どう動くのかをイメージしやすくなります。例えば、DMを作る際には、どのようなDMならお客様が手に取り、開封してもらえ、ということがイメージしやすくなります。普通のDMではすぐゴミ箱行きです。どうすれば開封してもらえるか、を動画でシミュレーションできます。

　製品開発でも、どんな製品がどんなお客様のどのようなライフスタイルにフィットするのか、イメージしやすくなります。また、お客様が製品をどのように使うか、使うときにはどこでつまづきそうか、そしてそのつまづきを防ぐにはどうすればよいのか、などがかなりイメージできるようになります。

　営業に行く前にも、お客様の反応をあらかじめシミュレーションし、このようなお客様にはこのような資料やトークが必要だ、ということがイメージしやすくなります。すると、事前

準備がしやすくなります。

　一言で言えば、よりお客様に近づけ、より売れるようになる、ということです。

4　イメージ発想のトレーニング方法

　ここまで、静止画イメージ、つぶやきイメージ、そして動画イメージ、とイメージスキルを学んで来ました。考え方そのものは、「絵で考えよう」「言葉をつぶやこう」「動画にしよう」という単純なものです。

　しかしこれはそう簡単にできるものでもありません。もっとも、簡単にできるようになるスキルでは差別化できませんので、動画イメージのように結構難しい、くらいのスキルがちょうどよいように思います。

イメージを蓄積して録画ライブラリーを増やす

　イメージ発想ができるようになるためには、まさに日頃の「イメージトレーニング」が欠かせません。イメージする練習をすると同時に、イメージを蓄積するのです。

動画イメージはもちろん、静止画イメージもつぶやきイメージも、何も無いところからイメージが浮かぶということは残念ながらありません。自分が見たこと・聞いたこと・経験したことからイメージが浮かぶのです。自分が見たことの無いお客様の絵は描けませんし、自分が話したことが無いお客様の言葉遣いはわからないのです。ですから、日頃からお客様のイメージなどを蓄積することが重要です。それが自分の「録画ライブラリー」となります。

自分の生活場面を「録画」する

　では「録画ライブラリー」のネタはどこにあるかと言うと……私たちの毎日の生活の周りに転がっています。そのイメージをアタマの中に切り取って「録画」することを意識して行うと、イメージスキルが鍛えられます。

　BtoBの場合は、自分の会社の職場風景にイメージのネタはいくらでも転がっています。自分や上司部下同僚がどのようにモノを買うか（この「モノ」には数億円の広告投資、オフィス投資、人材投資なども含みます）を見ていると、会社の投資の意思決定がどのように行われるかがわかります。会社の飲み会の場所がどのように決定されるか、ということすら動画イメージのネタになります。それも法人の購買行動のナマのネタです。私の場合はそのような観察がそのまま先ほどの『ドリルを売るには穴を売れ』に活かされて、物語の題材となりました。毎日の会社生活はBtoBマーケティングの録画ライブラリーの

ネタの宝庫です。

　BtoCの場合は、自分が何かを買うときの一連の動きを「録画」すればよいのです。自分は何を見てどう動き、何を感じたのか、を覚えておくのです。私たちも毎日買い物をします。そのときのココロのつぶやきや行動を録画しましょう。自販機でジュースを買うときも、「ああ、喉が乾いたなあ……ちょうどいいところに自販機がある。甘いモノはべたつくからやめよう。じゃあ水かお茶、だけど、水は味が無くて寂しいな……お茶か……」などと１秒くらいの自販機の前で迷う間に瞬間的につぶやいているはずです。自分の心のつぶやきは自分が一番よく知っています。そのつぶやきも、つぶやきライブラリーに蓄積しましょう。

　また、家族や恋人が何かを買うときの行動を自分の目で見て、そのシーンを録画しましょう。家族で日曜日に外食に行くとき、どのような会話が起きてどのように決まったのか？　その際の行動を時系列でアタマに焼き付ければ、それは自分だけの録画ライブラリーになります。

　最初から動画イメージはできないでしょうから、静止画イメージ、つぶやきイメージから始めるのが良いと思います。

・静止画イメージ：見ている風景を１枚の写真でデジカメで写すかのようにアタマに取り込む

・つぶやきイメージ：今自分が話している相手になりきってみて、その言葉遣いを英語学習のようにリピートする

などなどの工夫を日常生活でやってみましょう。

ここまでやってきたイメージ発想のような「マーケティング思考」ができるかどうかは、

・毎日をいかに注意深く送っているか？
・いかに自分の心を、他人の行動を「見て」いるか？

ということに尽きるのだと思います。同じ場所にいても、「見て」いる人と、「見て」いない人がいるわけですね。

このような「マーケティング思考」を会得するためには、特別な勉強の必要はありません。自分の、家族の、職場の同僚の買い物行動を注意深く観察する、というのが最大のコツだと思います。

色々な購買体験や、良かった・悪かったサービスを記録に取って、覚えておくのです。生きていること全てがネタになると言ってもいいくらいです。それをいかに注意深く観察するか、ですね。特に自分が買ったものについては、なぜ買ったのか、どのように決めたのか、聞かれても答えられないものです。まずは自分の購買行動を徹底的に掘り下げてみる、というのは大変良い「イメージトレーニング」になります。

録画ライブラリーの蓄積は個人の「独自資源」になる

このようなイメージの蓄積には、時間がかかります。そして、自分がしてきた経験を「録画」すれば、それは自分しか持っていない録画ライブラリーとなり、自分にしか無い独自の資源となるのです。

すると、いつしか「なんであの人はああいうユニークな発想ができるんだろう？」と言われるようになります。アイディア発想が非常に不得手だった私が今やそう言われるのですから、お読みのアナタにも絶対できるはずです。イメージスキルは後天的に学習できます。あとは、「習うより慣れろ」です！

自分の録画ライブラリーをどう蓄積していくか、も考えましょう。例えば、私は大阪暮らしが３年、米国東海岸暮らしが２年あります。あとは東京圏にいました。すると、大阪、米国東海岸、東京、についてはだいたいどんな人がどんな暮らしをしているかはイメージできます。ライブラリーに蓄積があるので、お客様の絵や利用場面が描けます。逆に、中国には十数年前に４週間滞在しただけですので、中国の方々の絵は描けるにしても、具体的な利用場面がイメージできません。

自分の経験を「録画」すれば自分の大変な財産、独自資源になります。逆に言うと、自分がどのような録画ライブラリーを持ちたいか、を考えましょう。どのような生活を送るかで、自分の録画ライブラリーに入るものが決まるからです。録画したい場面がある場合、そのような場面に遭遇するチャンスの多い

生活をするわけです。
　結局マーケティングは我々の身の回りで毎日起きているのです。

第5章

論理スキル2：プロセス分解

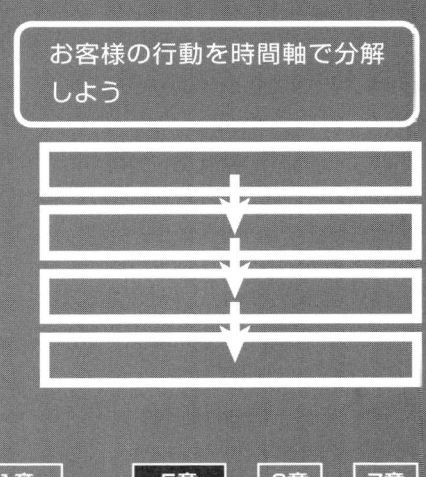

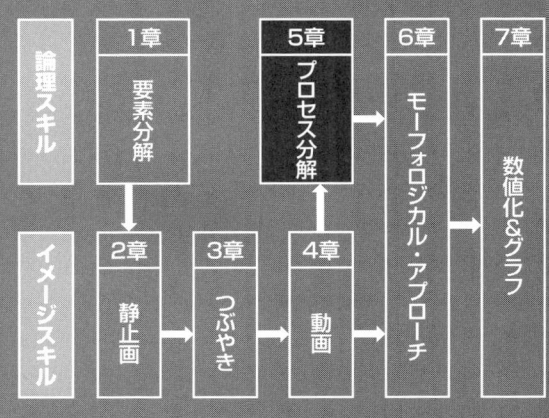

> お客様の行動を時間軸で分解しよう

論理スキル	1章 要素分解		5章 プロセス分解	6章 モーフォロジカル・アプローチ	7章 数値化&グラフ
イメージスキル	2章 静止画	3章 つぶやき	4章 動画		

ここまで、イメージスキルが３つ続きました。「静止画」に「つぶやき」を加え、時間軸を加えて「動画」にしました。これでイメージスキルは完結しました。

　では、要素分解に続く２つめの論理スキルにいきましょう。２つめの論理スキルは「プロセス分解」です。これは、「動画イメージ」に対応する論理スキルですので、この場所においています（それについては後ほど解説します）。

「プロセス分解」は、厳密に言えば、１つめの論理スキル「要素分解」の一部で、**要素分解を「時間軸」で行うスキル**です。

　要素分解の切り口として、１）構造、２）四則演算、３）経験則のフレームワーク、の３つを第１章でやりました。もう１つが、「時間軸」です。

・短期・中期・長期
・過去・現在・未来

などの「時間」を切り口として分解するのが２つめの論理スキル、プロセス分解です。これも、モレ・ダブりのない分解ですね。

　時間軸で分解する、ということは、「プロセス」で分解することです。例えば、「風が吹けば桶屋が儲かる」という表現に

は、長いプロセスが含まれていますよね。

　風が吹く→砂が舞い上がる→　（中略）　→桶屋が儲かる

　などのプロセスをステップバイステップで分解して考えていくのが「プロセス分解」です。

　お客様が自社商品を買うときも、粗っぽく分ければ、知る→買う→使う→喜ぶ、というプロセスをたどりますね。これを論理的に分解するのが「プロセス分解」です。お気づきのように、これをイメージでアナログ的に行うのが「動画イメージ」です。論理的にデジタルで行うのが「プロセス分解」です。

　第1章の「要素分解」とあえて分けたのは、この「時間軸」という要素は他の要素分解スキルと毛色が違い、独立したスキルとして使い勝手がよいからです。論理的厳密性よりはスキルとしての現実的実用性を重視しました。

1 マインドフローとは

　このプロセス分解をマーケティングに適用したのが、私が『図解　実戦マーケティング戦略』で提唱している、「マインド

フロー」というフレームワークです。

　よくマーケティングで使われるのは、AIDMA（アイドマ）です。Attention（注意）、Interest（興味）、Desire（欲求）、Memory（記憶）、Action（行動）というお客様の思考の時間軸に合わせて考えよう、などと使われます。しかし、このAIDMAは実際のマーケティング施策には大変使いにくいのです。例えば、資料請求して他製品と比較して買って使ってみる、というのはすべて「Action」（行動）ですが、一緒くたにして考えてしまうのはまずいでしょうし、Attention（注意）の前に、そもそも「知る」という認知プロセスを踏むはず、などの問題があります。

　ですので、私は「時間軸でプロセス分解する」という基本的な考えはAIDMAと同じにしつつ、現実のマーケティング活動に落とし込みやすいように、7段階に分けています。その7段階の「心の動き」を「マインドフロー」と名付けました。

　ビジネスの目的の1つは、リピート顧客やポジティブな口コミをしてくれる「ファン」を増やすことです。しかしお客様がいきなりファンになってくれるわけではなく、いくつかの段階を踏みます。一般的には、次の図のような7段階を踏みます。
　この7つの関門は、私の経験から多くの業種・業態で使える最大公約数を抽出したものですので、業種・業態・商品によってこのステップは異なるかもしれません。それでも、知る→買

う→使う→喜ぶ、というプロセスは同じでしょうから、業種・業態に合わせて変えてみてください。ポイントは、**潜在顧客が「知る」から「ファンになる」までのプロセスを、お客様視点の時間軸で分解する**、ということです。

マインドフロー：潜在顧客がファンになるまでの7つの関門

	マインドフローの関門	お客様が止まる理由	
1 認知	商品・サービスを知る	商品・サービスの存在を知らない	一つでも先に進めない関門があると、競合へ流れるか、買わない（流出）
2 興味	ニーズを感じて興味・関心を持つ	知っているがニーズを感じず興味がない	
3 行動	来店・資料請求・HPを見る・電話する、等の行動を取る	興味を持つが具体的行動に至らない	
4 比較	競合と比べて「こっちがいい」と思う	行動して調べた結果、競合の方が良かった	
5 購買	お金を出して買う	買おうと思ったが買えない理由があった	
6 利用	商品を使う・食べる	買ったが使っていない	
7 愛情	使って満足し、喜ぶ	使ったが不満だった	
ゴール	ファンとなりリピート・口コミする		

「知る」から「ファンになる」までの経過時間は、商品によって違います。新製品のチョコレートを買うときは、店頭でパッケージを見た瞬間に「認知」し、「興味」を持ち、パッケージを手に取るという「行動」をして、無意識のうちに他商品と「比較」してかごに入れるまでにかかる時間は数秒～数十秒でしょう。そしてその日のうちに買って食べて、ファンになるかどうかが決まります。BtoBで工場が生産機械を買う、という場合には、「比較」の時点で3社の合い見積もりをとり、「購買」までには数ヶ月間をかけて検討し、数年以上「利用」するという長い時間がかかるでしょう。個人が家や自動車を買う場合も、数ヶ月から数年がかりで「認知」から「愛情」に至ると思います。

モレてはいけないからこそ論理的に検証する

マインドフローのポイントは、「お客様の体験のシミュレーション」であることです。私たちが売り手であるときは、どうしてもマインドフローの下の方の「購買」「比較」のあたりから発想してしまいがちです。

しかし、お客様は、一番上の「認知」から入っていきます。そして「認知」から「愛情」までのプロセスの間に1つでも「モレ」があると、そこから「流出」してしまいファンになっていただけません。だからこそ、「モレ」のないように、論理的に検証する必要があるのです。

カスタマージャーニー：お客様を「ガイド」する

　外資系の自動車メーカーや広告代理店では「カスタマージャーニー」という言葉が使われたりします。直訳すると「お客様の旅」ですね。お客様が知って、買って、使って、喜ぶ……という一連の体験は、旅に喩えられます。

　マインドフローを旅に喩えると、お客様を「認知」から「愛情」へと、手をひくようにモレなく「ガイド」することです。旅行代理店のツアーガイドさんのように、ある場所からある場所へと旗を持って、「次はこちらです」とご案内するのです。それによって、お客様がプロセスの間で「流出」することを減らすのです。

　米国・ボストンに行かれたことのある方はご存じかと思いますが、ボストンは米国建国の歴史宝庫です。様々な史跡が市内に点在しています。その史跡を観光客が回りやすいように、ボストンの地面にはブロックなどで線が引いてあります。その線をたどっていくと史跡巡りができるもので、「フリーダムトレイル」と呼ばれます。ボストンでは観光客が地面を見て歩く姿が見られます。
　私もやってみたのですが、たまに、その線がとぎれているのです。そこでは、観光客が地図を広げて迷っています。これがマインドフローでいう「モレ」です。このようにお客様を迷わせては、最後の「愛情」までたどりつきません。お客様をやさしく手を引いてガイドしてあげるかのように、モレなくマーケ

ティング施策を打つのです。

2 論理とイメージのやりとり：マインドフローとイメージスキル

　マインドフローの説明は以上です。詳細は、拙著『図解　実戦マーケティング戦略』で紹介していますので、興味のある方はそちらをご覧いただければと思いますが、大体の感じはつかんでいただけたかと思います。本書では、マインドフローとイメージ発想との「やりとり」をメインに説明していきます。

　プロセス分解をこの場所で説明している理由は、静止画イメージ、つぶやきイメージ、動画イメージの後でこのマインドフローを使うことにより、相互の「やりとり」がしやすくなるからです。本書のテーマの1つが、論理とイメージのやりとりです。イメージ発想と論理思考を相互に繰り返していくと、思考が深まり、発想が広がります。

　ここでも論理スキルの「プロセス分解」と、他のイメージスキルの「やりとり」をしていきましょう。

1 マインドフロー×静止画イメージ

　まず、マインドフローと「静止画イメージ」のやりとりについて考えてみましょう。静止画イメージは、「一瞬」を固定化したものです。ビデオが動画、デジタルカメラが静止画ですね。静止画イメージは、マインドフローの各関門のその一瞬に対応します。マインドフローの各関門ごとにその一瞬の静止画イメージを描くのが、マインドフローと静止画イメージのやりとりです。

　静止画イメージで描いた「利用場面」は、マインドフローの下から2番目の「利用関門」のイメージそのものです。

　「比較」関門でも静止画イメージは使えます。例えばビデオカメラを買う場合、量販店などの店頭でビデオカメラを比較しているシーンがイメージできます。その際に、自社商品と一緒に比べられている対象が「競合」です。自社商品が仮想敵としている競合が正しいかどうかは、この「比較」の静止画で検証できます。店頭で競合商品と隣同士に置かれていれば見比べられるでしょうし、メーカー別に展示されているのであれば、自社商品の展示コーナーに来てもらうための「認知」「興味」「行動」の仕掛けが必要であることがわかります。

　例として、住宅地の駅近くの果物店が、売上拡大のために「絞りたてフルーツジュース」の販売を開始するにあたっての

販売プランの立て方をマインドフロー×静止画で考えてみましょう。実際には保健所の許可などがいるかもしれませんが、それは考えないことにします。

　まずは、静止画イメージでお客様の絵を描きます。**マインドフローは、お客様によって違いますので、**ターゲットセグメントの数だけマインドフローを書くことになります。

　ここでは、
・30歳独身女性、年収500万円、スーツを着て若干茶色に染めたロングヘア、企業の主任〜係長、最近お疲れ気味のビジネスパーソン

という静止画イメージを描いたとします。

〈30才、独身女性の静止画イメージ〉

・30才・独身女性
・年収500万円
・都心に通勤・事務職
・勤務時間9〜20時頃
・少しお疲れ、健康が気になる

はあー
つかれる…

「認知」「興味」の静止画

　まず、絞りたてフルーツジュースの販売を始めた、ということがお客様に「認知」されなければ、何も始まりません。

　このときには、まず何も変わっていない場合の静止画をイメージします。お客様は果物店の前を忙しく通り過ぎていきます。これが「今」ですね。このときにお客様は真っ直ぐ前を向いて歩いているはずです。

　ターゲットは女性ビジネスパーソンですから、時間は通勤の行きか帰りです。絞りたてフルーツジュースは夜より朝だと考え、朝の通勤時間帯、7〜8時くらいの絵を描きます。専業主婦の方がターゲットになると、時間は午後、スーパーで買い物をした帰り、となりますが、それは別にやることにします。

　ビジネスパーソンの朝は忙しいです。店の前を真っ直ぐ前を向いて足早に歩いているお客様の静止画がイメージできれば、「認知」してもらうにはお客様の目を引き、足を止める看板が必要だとわかります。そこで、お客様が足を止めて気づくシーンをイメージします。店頭にチラシがあっても目に入らないので、お客様が真っ直ぐ前を向いていても目に入る広告ツールが必要だ、とわかります。いや、それよりそもそも店頭にミキサーを置けば、それに気づいてもらえ、すぐ「興味」を引きそうだ……と思いつきますね。これは、駅などで絞りたてジュースの販売をするジューススタンドの静止画イメージがアタマに

蓄積されていれば、イメージできるでしょう。

「興味」「行動」の静止画

　認知の時点での静止画イメージでは、お客様は足を動かして歩いています。「興味」「行動」の静止画では、お客様は足を止めています。普通に浮かぶのは、店頭の絞りたてジュースの看板、スタンドを見て「おや」と思って足を止める静止画ですね。

　すると、やはり店頭にミキサーを置いた方が目立つので良さそうです。具体的に店頭の絵を描いてみると、「あれ、ミキサーをどこに置くんだ？」という問題がアタマに浮かびます。具体的に絵を描くとこのような問題に気づきやすくなります。店頭のスペース替えをするか……となると、ジュースを常時売ることになります。それは面倒だ……通勤時間帯だけでいい……となると、「ミキサーを載せた、絞りたてジュース販売用の移動ワゴンスタンドを作ろう！」と思いつきます。そして、その方が目立ちそうなので、「認知」「興味」にも効果がありそうです。

「比較」「購買」の静止画

　絞りたてフルーツジュースの直接の競合はないかもしれませんが、間接的な競合は多くあります。例えば、近くのコンビニで売っている100%果物ジュースなどですね。何が競合かはこの場合は絵では確認しにくいので、このあとでつぶやきイメージで確認します。

第5章　論理スキル2：プロセス分解

　比較対象（競合）が150円の果物ジュースであれば、価格設定でそう無茶はできません。300円くらいでしょうか。端数価格の心理も考え、290円を候補にしましょう。ここで駅などで売っているフルーツジューススタンドの価格も調べておこう、と思いつくのでメモしておきます。

　競合がコンビニの果物ジュースだとすると、自分の強み・差別化は、「絞りたて」で、ターゲットは「朝会社に行く女性ビジネスパーソン」ですから、具体的には「絞りたてで栄養たっぷり、元気をチャージ！」のようなメッセージがよい、と考えます。この強みや競合などは論理的に考えます。戦略BASiCSなどのフレームワークを知っていれば、問題なく考えられるでしょう。ターゲットが女性ですので、「美肌」などのメッセージも効果的かもしれません。このあたりは色々と考えて、後で選べばよいですね。

　静止画では、このメッセージをどこに書くか……と考え……そうだ、ジュースワゴンに大きく書こう、と思いつきます。

「購買」の静止画を描いてみると、お金を払っている場面が描けました。朝の通勤途中ですから、お客様は忙しいです。290円だとすると、300円だと10円のお釣り、500円玉だと210円のお釣りが必要だと気づきます。前の晩にある程度大量の小銭を用意するか……と考え、「電子マネーで払ってもらおう」と思いつけば、とりあえず問い合わせをしてみます。システムの

導入費が見合わなければやめます。そして、「チケットを売ろう！」と思いつきます。1杯290円ですから、5杯分のチケットを1,160円で提供すると4杯で1杯サービス、ということになります。すると、このチケットを買っている静止画を考えます。誰が買うんだろう……本人か？　と考えた時点で「ギフトに使える！」と思いつきます。父の日、母の日のプレゼントに良さそうだ……と考えが発展していきますが、ここではターゲットが異なるので、それは別の紙にメモしておきます。

「利用」「愛情」の静止画

　ターゲットは朝通勤中のビジネスパーソンですから、買ったあとは駅に直行します。飲む場面（「利用」）の静止画では、歩きながら飲むことがイメージできます。すると、カップにはフタとストローがいりますね。さらに、飲んだ後にカップはどこに捨てるんだ、と気づきます。そうなると、駅に行ってゴミ箱があるかどうかをチェックします。紙を捨てるゴミ箱があれば、カップは紙にしよう、となります。

　駅のホームで飲んでいる静止画をイメージすると、カップのデザインを良くしないと、女性のお客様はいやがりそうです。スターバックスのカップは持ち歩いても抵抗感はありません。すると、カップのデザインを良くして、自店の名前もいれて広告にしよう、と思いつきます。しかし、今の「佐藤果物店」ではデザインが難しそうです。そこで、いっそ店のブランドをこの際作る、名前は「新鮮＆楽しい」の頭文字「Ｓ＆Ｔフルーツ」

にしよう、などと考えます。

最終的には、この**静止画が１枚１枚アニメーションのようにつながれば「動画」になり、それに「つぶやき」が加わって動画イメージが完成**します。

❷ マインドフロー×つぶやきイメージ

マインドフローとつぶやきイメージの組み合わせも使えます。引き続き果物店の例で考えていきましょう。では、先ほどの静止画イメージに吹き出しを書き、お客様の心の「つぶやき」を入れていきましょう。

ここでは、お客様になりきるのがポイントです。今回のターゲット、30歳独身女性になりきってつぶやきます。多分に私の想像（妄想？）であることを付け加えておきます。

「認知」「興味」のつぶやきイメージ

「あー最近朝はしんどいわね……全くイヤになるわ……30歳超えるとガクって来るって先輩が言ってたけど、本当ね……お肌は荒れるし……朝ご飯食べてるヒマがあったら寝るわよ」

とつぶやきながら歩いているところに、ジューススタンドワゴンを見つけます。

〈フルーツジュースの認知・興味〉

「あら？　何これ。こんなのあった？　絞りたてジュースか……いくら？　あ、290円……そうね、朝ご飯代わりだと思えば、コンビニのパンより安いわ……元気をチャージ、か……そうね……」

とつぶやくとします。確かに、「絞りたてジュース」というのはスタンドで見ればわかりますから、最初に思い浮かぶのは、「いくら？」ですね。ここで、価格290円ということを大きく表示することにします。さらに、競合はジュースとは限らず、朝ご飯を食べていなければ「朝食代わり」ということもある、と思いつきます。あとで、ネットで30代女性ビジネスパーソンの朝食を食べる率を数字で確認することにします。

ちなみに、厚生労働省の「国民健康・栄養調査」（2006年）

によると、確かに朝食を食べない方は急増しています。30代女性で13.9％、20代女性で22.5％です。20代女性の方が高いですが、これは働いているからだろうと考えます。この数字を見て、ターゲットは静止画でイメージした「30歳女性」で問題ないことがわかります。「想像」でしかない「イメージ」は、後で論理思考でこのように数字などで検証しましょう。

（参考資料：www.mhlw.go.jp/houdou/2008/04/h0430-2a.html）

「興味」「行動」のつぶやきイメージ

静止画イメージでの女性は店の前を通り過ぎようとしながら、迷っています。

〈フルーツジュースの興味・行動〉

「どうしようかな……急いでるから……電車に間に合うかしら……」

とつぶやくとします。確かに、朝は時間が気になります。であれば、店頭にデジタル表示の大きい電波時計と電車の時刻表をジューススタンドにおいておけばいい、と気づきます。大型のデジタル電波時計は1万円くらいです。電波時計、と書いておけば時間が正確なこともわかります。それが店頭においてあれば、電車の時間が気になるビジネスパーソンにとっては便利ですから、毎日目をチラと向けてくれるでしょう。すると、これは立派な広告投資で、1万円なら安いものです。ここまで考えると、「朝忙しいビジネスパーソンの応援」という、自店の役割（ドメイン）も浮かびあがります。

「比較」「購買」のつぶやきイメージ

さらに時間が進み、ターゲットは足を一瞬止めてジュースワゴンを見ています。

「あ！ ブルーベリーって目に良いのよね。最近モニタを見てると目が疲れるのよ……」

このつぶやきで、単なるジュースでなく、「これだ！」とターゲットを惹きつけるフルーツがあったほうがいいと気づきます。目にはブルーベリー、風邪にはリンゴ、など、季節・ニーズにあったフルーツを入れることにします。そこで、そう

か、疲労回復ジュース、肩こり予防ジュース、風邪予防ジュース、などとテーマがあったほうが売れそうだ、と気付きます（表現が薬事法違反ですが、とりあえず進みます）。これなら、コンビニのフルーツジュースとの差別化もできます。

ここで「メタボとか中性脂肪は……」と考えて、絵を見ながら、「いや、ターゲットが女性だからそれはやめよう」と思いなおし、「中年男性だったらメタボ撃退」とメモします。

「利用」「愛情」のつぶやきイメージ

ついにお客様は買ってくれました。さあ歩きながら飲もうとしています。

「何これ、紙だとつぶれるわよ。あーあ、こぼれるじゃないの……服についたらどうしてくれるのよ……ダメだ、歩きながらはムリ。今飲んじゃおう……意外においしいわね、これ。結構量があるわ……これなら朝ご飯食べなくても大丈夫だわ！　ダイエットにも……これ、何kcalあるんだろう？　まあいいわ。明日は違う味にしてみようかしら……あの疲労回復ジュースってどんな味なんだろう？」

とつぶやいたとします。

実際に自分で歩きながらカップを持って飲んでみると、結構な力でカップを持つのでつぶれます。であれば、店頭に時計が

あるので店頭で時間を確認しながら飲んでもらった方が良さそうです。女性ですので、ストローも用意します。太めの方がよいですね。ちょっとした椅子・テーブルがあった方がいいかもしれません。ゴミ箱を置けば、「ここで飲んでください」というメッセージが伝わりそうですので、ゴミ箱も買います。

　朝食代わりなら、量がある程度必要でしょう。腹持ちがよいようにバナナを入れよう、と思いつくかもしれません。女性はカロリーを気にする、ということにも気づき、カロリー表示をすることも思いつきます。すると、ダイエットとしても良いかもしれないことに気がつきます。

　これで、一通りマインドフローの関門ごとに「静止画」と「つぶやき」がイメージできましたね。それぞれの対策を考えてきたので、「認知」から「愛情」までが「モレ」なく流れやすくなる施策が一通りできているはずです。これでやってみて売れなければ、何度も同じプロセスを繰り返します。

　中年男性（私）が30歳独身女性になりきってみましたがいかがでしょうか？　30歳独身女性の方に「あーそうそう、そんな感じぃ」と思っていただければ成功、ダメなら私の修行不足、ですね。このイメージを描いたら、実際にターゲットに近い方に聞くなどして、検証する必要があります。イメージはイメージでしかなく、事実ではありません。ちなみに、これを書いたときには知り合いの女性を明確にイメージしました。あの

人ならこういうだろうな……と口癖も真似てみます。そこまですると、結構イメージできるものです。

このように、マインドフローの関門毎に静止画を色々描いてみることにより、アイディアはいくらでも出てきます。ちなみに私は、以上のアイディアを事前に考えずに、この原稿を書き上げた1時間くらいの間に全部発想しました。3時間もやってみると、もっと色々と出てくるでしょう。アイディアを削るのはあとで論理的にできます。アイディアは出す方が難しいので、ここではくだらないものでも、アイディアを出すことに集中するのがコツです。

３ 要素分解・フレームワークでモレを確認

このあとは、また論理思考とやりとりをします。例えば、戦略BASiCSや4Pなどのフレームワークを使い、論理的なモレを検証するのです。

ここまでのアイディアで、4P（商品・サービス、広告・販促、販路・チャネル、価格）は一通りはカバーされているはずですが、本当にモレがないか、十分か、を確認しましょう。

「フルーツジュースを売るときの4Pはどうしようか……」と考えても、店頭にデジタル電波時計を置いて興味を引こう、というアイディアはまず出ないでしょう。出たら天才です。しか

し、このように静止画やつぶやきなどのイメージスキルを使い、それをプロセス分解という論理スキルと組み合わせることにより、このような**閃きが体系的に可能になる**のです。これは、「スキル」ですから、**再現性があります**。もし、あなたがこの発想法をマスターし、あなたのチームで使えば、あなたのチームはきっと大注目を浴びるでしょう。

プロセス分解で動画イメージが行いやすくなる

さて、ここまでくれば、あとは動画まではもう一息です。動画イメージができるようになるには、このように静止画をステップバイステップで描き、そこにセリフを入れていき……と順にやっていくと、できるようになります。ここまでのプロセスは動画イメージのトレーニングにもなります。

動画イメージができれば、お客様をアタマの中で動かし、しゃべってもらいながら、不満や行動の障壁となるようなものを取り除く施策を事前にモレなく考えられるようになります。

さらに、いきなり「アタマの中で動画を動かす」という動画イメージを行うのは難しいと思いますので、静止画を積み重ねて、パラパラ漫画のように考えるという手もあります。

果物店が「認知→興味→行動」というマインドフローの関門を強化したいと考えているとします。果物店の前の通行客に、店の存在に気づいてもらい、店に入ってくれるまでを強化した

いという場合、「認知→興味→行動」のプロセスを細かく分解します。

・目が何かに止まって店の存在に気づき、立ち止まる
・首を動かして店を見る
・店の何かに視線が止まる
・店に近寄ってよく見る
・視線を動かして店の中を覗いてみる
・脚を動かして店に入る

となるかもしれません。

ここまで具体化すると、果物店の前を通る人は果物店ではなく、進行方法を見ているので、その進行方向に目を引く広告看板が必要だ、ということがわかるのです。

4 理想型から考える

マインドフローの下の方の関門から逆に考える、という手法もありえます。この場合には、理想型をイメージし、それを実現させるための手段を考えていく、ということになります。

例えばイタリアンレストランの場合、お客様が食べて帰られるとき（「愛情」関門です）に、どのような会話を交わしてほしいかを考えます。

・お店の人の気が利いてるよね（密着軸）*
・すごく料理がおいしかったね（商品軸）*
・静かで雰囲気があって、いっぱい話せたね（商品軸）*
・思ったより安かったね（手軽軸）*

注＊３つの差別化軸
手軽軸：早い、安い、便利、で差別化
商品軸：品質の高さで差別化
密着軸：個別ニーズに応えて差別化

　などなどの会話になるかもしれません。どのような会話が起きるかが、自社の「強み・差別化」になります。その強み・差別化を実現するようなメニュー、サービス、店舗などはどうするのか、どのような応対をすればこのような会話をしていただけるのか、を考えるのですね。そして、自店の差別化軸（手軽軸、商品軸、密着軸）と一貫性のあるものを強化していきます。

　このようなどうある「べき」かについてを議論する際には、イメージよりは、戦略BASiCSや３つの差別化軸などの論理フレームワークの方が適しています。

3 媒体間の「ガイド」とイメージスキル

① マインドフローの各関門を担う媒体は異なる

　マーケティングの場合は、通常「認知」関門を担当する媒体と、「購買」関門を担当する媒体は異なります。BtoCの場合には、「認知」関門は、TVCMやポスターですね。そして「購買」関門は、「店」「営業担当者」などです（営業担当者も広い意味では「媒体」です。しかも、極めて説明力の強い媒体です）。

　すると、この**媒体間の「ガイド」**が必要になります。「次はバスに向かいます」と旅行のツアーガイドさんが旗を持ってガイドするように、「**このCMを見たら、こうしてくださいね**」と、次の媒体に「ガイド」するのです。

　具体的な例が、TVCMの「ネットで検索！」です。TVCMを見てそれで終わり、では広告投資の効果が低くとどまりますので、「ネット」という次の媒体に「ガイド」しているのです。雑誌広告のQRコードもそうですね。携帯電話という次の媒体に雑誌から「ガイド」して、次の「行動」へと導き、マインドフローの関門を上から下へとガイドしています。

　最近、駅のポスターにチラシやパンフを付け、持って帰れる

ようにしているものがあります。これも同じ考えで、ポスターを見てそれで終わり、ではポスターの効果がありません。ポスターで「認知」「興味」を引き出し、そこにチラシを付け、そこに商品案内や店の地図を載せて、次の「行動」関門へとスムーズに「ガイド」しているのです。

2 媒体間のガイドと「イメージスキル」

　このときのガイドに役立つのが、イメージスキルです。CMを見た後、ポスターを見た後、お客様はどうするのでしょうか？　ポスターを見て、そこに付いているチラシを持って帰る、という動画は容易にイメージできます。CMメッセージで「ネットで検索！」と伝えて、お客様はどうするでしょうか？

「ネットで検索！」をする動画をイメージしてみましょう。まずは「静止画」で、TVを見ている「場面」をイメージします。居間で普通にTVを見ていて、そこにパソコンが無い「場面」であれば、その場でメモして、あとでパソコンで検索する……という面倒なことは普通はしないでしょう。

「ネットで検索！」がありえる「静止画」は、パソコンでネットしながらTVを見ている状況です。例えば、ワンルームマンションで、デスクトップパソコンとTVが近い場合はありえるかもしれません。私は居間でソファに座り、膝の上にノートパソコンを置いて仕事しながらTVを見ることがありますので、

その場合も可能ですね。しかし、ノートパソコンで「ネットで検索！」する場合、ネットに接続している必要があり、家に無線LANが導入されていることが必要です（家でLANケーブルを引き回してもいいですが……）。

そう考えると、「ネットで検索！」が有効な「静止画」は限られていることがわかります。ではどうすればよいか、と考えます。携帯電話でメールしながらTVを見ている「静止画」は普通にありそうです。ですから、携帯のサイトに「ガイド」する、という手はあります（携帯サイトでは情報量が限られる、などの問題はおいておきます）。また、パソコンのモニタでTVを見ている、という静止画であれば、この問題は完全に解決されます（パソコンの性能が高いことを前提として、です）。私は、オフィスでは２つのモニタを同時に使って仕事をしています。１つのモニタにはパワーポイント、もう片方にはネットを表示させたりして、左右を見比べながら仕事をします。この静止画がアタマのどこかに蓄積されていれば、「そうか、パソコンのモニタに２画面表示させればいいんだ！」という発想になります。モニタ２つでもいいですし、１画面の中に小さくTVを表示させてTVを見ながらネット、メール、チャット、ということになれば「ネットで検索！」の動画がスムーズに流れます。となると、実はTV局にとって、ネットは敵ではなく強力な味方かもしれません。パソコンでTVが見られれば、そこからネットへの流れはスムーズでしょう。TV→ネット通販、という流れが爆発的に起きるかもしれません。

このように、「プロセス分解」のような論理スキルは、デジタルです。その間を、アナログの動画イメージで補うのです。これが論理とイメージのやりとりです。

　「比較」から「購買」までの「ガイド」もできます。大型の薄型TVは家電量販店の主力商品の1つです。ただ、店頭で見てもその場で「すぐ買おう」と決められない場合もあります。「このTVってうちの居間に置けるの？」という言葉をアタマの中で「つぶやく」ことがあるからです。その「つぶやき」がわかれば、そのTVのサイズが家でわかるような手を打てばよいのです。ある薄型TVは、大きな紙にTVの実物大のサイズを印刷し、家にその紙を持って帰って確認できるようにしていました。これは、「比較」関門から「購買」関門へと「ガイド」する、良い媒体だと思います。家に置けるかどうかわからない商品より、家に置けることがわかっている商品の方が安心ですよね。これなら、紙を家に持って帰って、家でその紙を広げて、家族で検討している「静止画」が思い浮かびます。その場合、その実物大の紙に、製品の強み・差別化ポイントを強調しておけば、「比較」関門をさらに通過しやすくなりますね。残念ながらその紙にはそこまでは書いてなかったと思います。イメージ発想と論理思考をやりとりすると、このようなアイディアが次々に浮かぶのです。

　また、「購買」から「利用」までの「ガイド」もできます。パソコンを「購買」してから、「利用」するまでには、昔は色々と障害がありました。特にデスクトップパソコンの場合には、

モニタとパソコンをどうつなぐか、プリンタとパソコンはどのケーブルで……というのは結構大変でした。やれネットがつながらない、などのトラブルも頻発しました。ですので、最近はつなぐコードと差し込み口の色を合わせてつなぎやすくしたり、最初に起動するとネットの接続を促すような仕組みがあったり、と大分親切になりましたね。

極端な話、パソコンを持って帰って、段ボールをどう開けて……とステップバイステップでコマ送りでイメージすると、お客様が、どこでつまづくかがわかりやすくなります。実際に、ソフトウェアメーカーで、そのようなことをしている会社もあったそうです。ソフトを買ったお客様についていって、お客様の行動を逐一観察するそうです。ソフトを買って、家に持って帰り、ビニールを破り、CDを取り出し、パソコンに入れ、インストールする、というステップのどこでお客様が戸惑うか、というのを丹念に観察し、それを1つ1つクリアすることでソフトを「購買」しても「利用」しない、というモレ（このモレはクレームや悪いクチコミにつながります）を減少させたのです。

ちなみに、本書の最後には、7つのスキルの「まとめ」が添付してあります（258-259ページ）。これは、コピーして手元においていただければ、7つのスキルを「利用」しやすくなる、という「利用」関門を通過していただくための配慮です。本当は、本書をコピーして、そのコピーを手元において……と

いう動画は若干イメージしにくいので、切り取れるようなページを用意しておくのが理想ではあります。

③ BtoB でも同様に使える

このようなスキルは、BtoBでも使えます。

昔、私は広告代理店のような仕事をしていたこともあります。お客様にこういう広告投資をしましょう、という提案をするのです。例えば、クライアント（広告発注者）からコンペの依頼が来たとします。3社の競合プレゼンとします。これが「比較」関門ですね。

では、私がプレゼンをしてからのクライアントの動きを動画でイメージします。3社からプレゼンを受け、プレゼンを聞いていない上司に担当者が説明し、そこで2人が話し合っている、という動画イメージになったとします。よくある場面です。

その場合、私のプレゼンの内容はもちろんですが、担当者の方が上司にいかにうまく説明できるか、も重要な意思決定材料です。仮に担当者にご賛同いただいても、その場にいらっしゃらなかった上司に否決されれば元も子もありません。となれば、その関門をクリアするために、担当者向けに「上司にプレゼンするための資料」を作成してあげたり、それを説明するときの説明方法・強調点を別の紙にまとめて渡す、という手も考

えられます。

　そして、上司の方の性格や重視するポイントも事前におさえておかなければなりませんね。上司の方と頻繁に接触し、何を重視するか、リスクの高さなのか、費用対効果なのか、などをおさえておき、それをこのように説明してください、と担当者の方に伝えておくのです。

第6章

論理 × イメージ1：
モーフォロジカル・アプローチ

要素に分解してからつなげて
アイディアを出そう

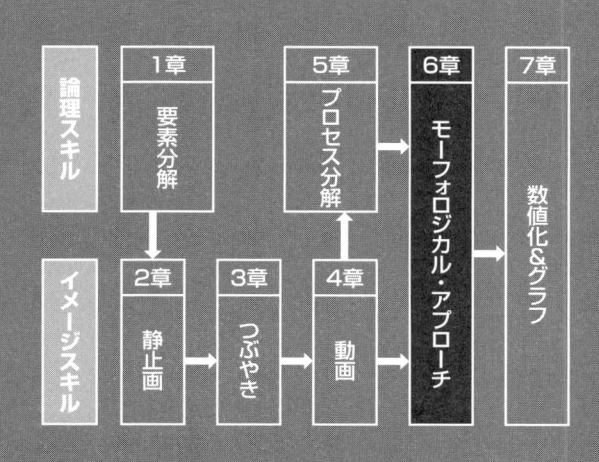

論理スキル	1章 要素分解		5章 プロセス分解	6章 モーフォロジカル・アプローチ	7章 数値化&グラフ
イメージスキル	2章 静止画	3章 つぶやき	4章 動画		

ここまで、

論理スキル：要素分解、プロセス分解
イメージスキル：静止画イメージ、つぶやきイメージ、
　　　　　　　　動画イメージ

の５つのスキルを学び、そしてそれを互いにやりとりする、ということをしてきました。これだけでも「考えること」については、相当スキルアップしました。普通の本ならここで終わるかもしれませんが、私は出し惜しみしない性分ですのでまだ続きます。

ここからは、このような論理思考とイメージ発想をさらに融合させるスキルを学んでいきましょう。

体系的なアイディア発想法：モーフォロジカル・アプローチ

ここで紹介するのは、「モーフォロジカル・アプローチ」です。聞き慣れない言葉かと思いますが、日本ではあまり知られていない手法です。この言葉で検索してもほとんどヒットしませんし、そのうちのいくつか（現時点でGoogle 上位５つのうち３つ）は私が関わっているものです。しかし、この手法は私が米国MBAコースで学んだスキルの中でも極めて実戦的な手法として感銘をうけたものの１つです。ここでは、ここまで考えてきた論理スキルとイメージスキルを加え、さらに一貫性と具体性を兼ね備えたスキルとして私が発展させた、「モーフォ

ロジカル・アプローチ改良版」をご紹介します。今のところ、このモーフォロジカル・アプローチ改良版は、戦略的一貫性と肌感覚的具体性を両立させることのできる、世界的に見てもまれな手法だと思います。これを身につけると、相当強力なあなたの「強み・差別化」になると思います。

マーケティングにおいては、新商品のアイディア、販促のテーマ、メルマガのネタ、など恒常的にアイディア不足にお悩みの方が多いと思います（私もそうです）。その一方で、そのネタが行き当たりばったりだと、商品を多く開発して後で全体を見てみるとまるで統一感・一貫性に欠けてお客様を混乱させている、というようなこともありえます。モーフォロジカル・アプローチは、体系的・論理的にアイディアを発想することにより、マーケティングのキーワードの「一貫性」と「具体性」を両立させるスキルです。

1 モーフォロジカル・アプローチとは

要素分解して再構築

モーフォロジカル・アプローチは、日本語では「形態素分析」などと訳されるようですが、訳してもよくわかりません。私は「要素分解再構築法」と呼んでいます。そのままの意味

で、あるものを「要素分解」してから、分解したものを「再構築」していくのです。

「要素分解」は、最初に出てきた論理スキルですね。それを使いながら発想していくことにより、論理思考とイメージ発想を両立させるのです。**アイディア発想を体系的に行うアプローチであると同時に、論理思考を膨らませて発想させていくアプローチでもあります。**

では、モーフォロジカル・アプローチの具体的なやり方を紹介していきましょう。ここでは、**「缶コーヒーの新商品コンセプトを考える」**というテーマを例に使って説明していきます。あくまでも例として取り上げるだけで、内容の善し悪しについてはおいておきましょう。

最初に、「缶コーヒーの新商品コンセプト」にはどのようなものがありえるか、30秒でよいので考えていただけませんか？
その後でこの解説を読むと、その広がり感がご体感いただけると思います。

具体的に使うものは、A3の紙1枚です。A4だと小さすぎます。私はいつもA3の白紙を持ち歩いており、その上で思考します。個人的には、パソコンの上で思考するということはあまりしません。思考のスピードにタイピングが追いつかないからです。猛スピードでアタマのCPUを動かすときには、A3の紙

とペンを使い、それでも追いつかないときには目をつぶってじっと考え、A3の紙に落とす、という作業をします。その後で、パソコンに向かうようにしています。

ではまず、A3の紙の一番上にテーマを書きましょう。今回は、「缶コーヒーの新商品コンセプト」ですね。

1 ステップ1：テーマを要素分解する

テーマを5～6の要素に論理分解する

最初のステップは「要素分解」です。テーマの構成要素を「論理的」に分解します。ここでは論理スキル1の「要素分解」をそのまま使います。新商品コンセプトの構成要素を「モレなくダブりなく」考えるのです。ここでは論理的に考えることにより、アイディアを散漫にさせず、体系化させます。

要素の数としては5～6くらいが適当です。それ以上だと、人間の認知能力の限界を超えて収拾がつかなくなります。それ以下ですと、アイディアが出にくいです。構成要素が10以上になった場合には、「要素分解」の「グルーピングとレベル合わせ」で4～7つくらいにまとめなおしましょう。

缶コーヒーの新商品コンセプト

では今回のテーマ、缶コーヒーの新商品コンセプトについてやっていきましょう。「商品コンセプト」のように論理的に分

解しにくいものについては、経験則を使うのがお勧めです。例えば、マーケティングの基礎理論などが良いと思います。拙著『ドリルを売るには穴を売れ』（青春出版社）では、マーケティングの基礎理論として、以下の４つをマーケティング理論の最低限必要十分な構成要素としてあげています。

　１）ベネフィット：お客様にとっての価値
　２）ターゲット：お客様は誰か
　３）強み・差別化：どのように差別化するか
　４）4P：具体的な商品、広告・販促、販路・チャネル、価格

の４つです。これは私が必要にして十分と考えているマーケティングの「要素」です。

　要素分解では、切り口を知っていることと、どの切り口を使うかの選択が重要になります。切り口を多く知っているほど引き出しの数が増え、色々な見方ができます。ですから、勘と経験は大事ですが、理論も知っておくとその勘と経験がさらに引き立ちます。現場を熟知している人が論理的に体系化された理論の切り口を知っているとこのようなアイディア発想でもそのまま使えます。私も色々と理論化し、その多くは拙著で公開しています。

　では、このマーケティングの４理論をスタートラインにして、どのような要素が必要か考えてみましょう。

第6章 論理×イメージ1：モーフォロジカル・アプローチ

　缶コーヒーのベネフィットは何か、という質問を自分のアタマに投げかけても、考えにくいです。缶コーヒーのベネフィットには、リラックス、眠気覚まし、などがありますが、そのレベルだとベネフィットの「具体性」を欠きます。

　モーフォロジカル・アプローチでは、一貫性と具体性というマーケティングのキーワード2つを両立させていくことを私は重視していますので、もう一段階具体的にします。ベネフィットが実現されるのは、「利用場面」です。缶コーヒーを飲む「価値」（ベネフィット）は、それを飲む「利用場面」において具体化されますので、**利用場面を考えるとベネフィットが大変考えやすくなります。ですので、利用場面を構成要素に加えること**にします。

　利用場面を具体的に発想するために、さらにもう一段要素分解します。すると、TPOになります。第2章でやった、あのTPO（Time、Place、Occasion）です。「いつ」「どこで」「どのように」使うか、の組み合わせが利用場面です。

　このように、求めるアイディアの具体性の度合いに応じてテーマを細かく要素分解していきます。求められる具体性が高いほど、細かく要素分解します。あまり細かく分解すると、考えるのが大変になりますので、ご自分でやってみて調整されるとよいと思います。

構成要素に「強み・差別化」を入れてもよいのですが、そうなると「競合」という要素を加える必要が出てきます。強み・差別化は「対競合」における相対的な「強み・差別化」です。すると複雑になりすぎるので、これはあとで検証することにします。新商品コンセプトですから、新しいコンセプトであれば直接の競合はいないはずで、おそらく省略しても問題ないと考えます。

すると、「缶コーヒーの新商品コンセプト」の要素は、

1）TPO：いつ、どこで、どのように使うか
2）ベネフィット：お客様にとっての価値
3）ターゲット：お客様は誰か
4）4P：具体的な商品、広告・販促、販路・チャネル、価格

となります。マーケティングの4理論からスタートし、発想しやすいように調整しました。私はいつもこのくらいの具体性で考えるようにしています。

このあとやってみて、構成要素が足りない、もしくは不要、となったらその時点でまた足したり加えたりしても構いません。テーマの構成要素として、必要十分と判断されるものでよいでしょう。
するとA3の紙は次のようになっています。

> ステップ1：テーマを構成要素に分解する

缶コーヒーの新商品コンセプト

| Time | Place | Occasion | ベネフィット | ターゲット | 4P |

考えたいテーマを、その構成要素に分解する

　左からTPOで始めています。左右の並びは順不同でよいのですが、「ターゲット」から始めるとそちらに思考が引っ張られてしまいがちで、自由な発想が出てきません。新商品コンセプトを考えるという開放度が高い思考の場合には、思考に制限を設けたくないので、TPOという自由度の高い要素から始めるとよいです。これは私の経験則であり、使っていくうちにコツがつかめてきます。思考のクセは人によって違うので、私のやり方が万人にあてはまるとは限りません。モーフォロジカル・アプローチの根幹部分をおさえつつ、「習うより慣れろ」で習熟していけば、その経験が個人の「独自資源」として蓄積されていきます。

ここではA3の紙1枚を使うことを想定していますが、A4の紙を使っても構いません。その場合は、要素1つにA4の紙1枚を使って、アイディアを出していきます。

② ステップ2：要素内のアイディアを具体化する

ここで、アタマのスイッチをイメージ発想に切り替えます。論理思考は一旦終了し、ブレーンストーミングに入ります。

要素別に具体的なアイディアを発想する

次は要素別に、アイディアを「発想」していきます。**要素1つ1つのアイディアを全て出しきってから、次の要素のアイディアを出していきます。**要素を1つずつ順番にやるのがポイントです。ここでは論理性は忘れて、アタマのスイッチを切り替えてイメージ発想で考えていきます。

缶コーヒーの新商品コンセプト

TPOの「Time」では、缶コーヒーを飲む時間はいつだろう、と考えます。プロセス分解すると、朝7時、8時、9時、となるのですが、それをするのはこの後です。まずは自由に発想します。なぜかというと、論理思考で発想していくと「具体性」「肌感覚」に欠けてしまうからです。一貫性を取るために整理するのは論理思考で、具体性で「肌感覚」のあるアイディアを出すときにはイメージ発想で、と使い分けましょう。

第6章　論理×イメージ1：モーフォロジカル・アプローチ

静止画イメージ、動画イメージで発想していく

　ここでは、あまり意識せず、バラバラバラバラとアイディアをランダムに出していく感じがよいです。そのときには、言葉で考えるより、コーヒーを飲んでいる利用場面を静止画イメージで考えていきます。

・疲れたとき
・眠いとき
・集中して勉強したいとき
・一仕事終えたとき
・朝の寝起き
・食後
・たばこを吸いながら
・おやつの時間
・クルマを運転中
・通勤中
・会議中

　などと出てきます。どれだけ思い浮かぶかは、日頃の静止画イメージの蓄積によります。つまりどれだけお客様や現場を「見て」いるか、そしてそれを記憶しているか、です。

　ここでは、要素別に1つ1つ考えるのが重要です。あっちこっちに行かず、まずは要素を1つ1つ終えていきます。

ステップ2：要素ごとにタテに「発想」する

缶コーヒーの新商品コンセプト

Time	Place	Occasion	ベネフィット	ターゲット	4P
・疲れたとき ・眠いとき ・集中して勉強したいとき ・一仕事終えたとき ・朝の寝起き ・食後 ・たばこを吸いながら ・おやつの時間 ・クルマを運転中 ・通勤中 ・会議中	・家の食卓 ・公園のベンチ ・クルマの中	・一服しながら ・コンビニの弁当と ・ケーキと ・お酒とともに ・勉強しながら	・ほっと一息 ・眠気覚まし ・気分転換 ・味を楽しむ ・食事をおいしく	・ドライバー ・ビジネスパーソン ・主婦 ・子供 ・受験生 ・スポーツマン ・旅行者 ・高齢者	

要素ごとに、タテにアイディアを出す。ランダムな思いつきでOK

　Timeが終わったら、そのまま次にPlaceを考えていきます。

　缶コーヒーを飲む「場所」はどこでしょうか？　これも、論理的に考えると「屋内」と「屋外」に分解して、となりますが、そうはせずにやはりイメージで「発想」していきます。

　このときは、「イメージ発想」の「利用場面の絵」を書けるくらいに具体的にしていきます。「家の中」ではなく、家の中のどこか、食卓か、居間か、トイレの中か、などですね。トイレの中で缶コーヒーを飲むことはまずなさそうでもとりあえず

書いておきましょう。

　ここでは残念ながら、

・家の食卓
・公園のベンチ
・クルマの中

と、あまり出なかったとします。ここでは、出ないものは出ない、と割り切って次にいきます。

　逆に、ここまでの時点で商品のアイディアなどが浮かんだのであれば、それは別の紙にどんどんメモしていきましょう。「おやつの時間」というアイディアが出た時点で、「そういえばケーキに合うという切り口のコーヒーって無いな」とアタマに浮かんだら、「デザートに合う甘くない苦めのコーヒー」などと別の紙にメモしておきます。後で使えるかもしれませんし、使えないかもしれません。こういうふとしたアイディアはメモしなければ忘れてしまうので、必ずメモしておきましょう。メモしたら、こちらに戻りましょう。

　次は、「Occasion」を考えてみます。Occasionは、缶コーヒーをどのように飲むか、ですね。例えば、何と一緒に飲むか、などです。

・たばこと一緒に一服しながら
・コンビニの弁当と一緒に
・勉強しながら

　などです。お気づきのように、これは「静止画イメージ」ですね。公園のベンチでタバコを吸いながら、コーヒーの缶を灰皿代わりに一服している営業マンの静止画イメージをアタマに浮かべるのです。そこまでできるようであれば、PlaceとOccasionは一緒にしてしまっても構いません。このようにどんどん考えていきます。

つぶやきイメージで発想していく

　次にベネフィットを考えましょう。ベネフィットについては、つぶやきイメージが使えます。

「リラックス」でもいいのですが、なるべくお客様の言葉で、

　　「ちょっと一休みするか」
　　「うー、一段落ついた。やったぁ！」
　　「よし、この問題が解けた。あれ、もうこんな時間？」

　などと考えていきましょう。

「眠気覚まし」というベネフィットの中でも、

「まずい、今クルマの中で寝たら事故る」
「明日はテストだ、頑張ろう！」
「この1週間の仕事は何とか乗り切らないと……」

など、色々と出てきそうですよね。具体的に具体的に考えていくのがポイントです。

一番右の4Pについてここで考えるとキリがなくなりそうですし、時間がかかりそうですので、後で考えることにしましょう。まずはターゲットまで考えることにします。このあたりも経験則でやってみてご判断されるのがよいと思います。

ステップ1の要素分解では論理スキルを、ステップ2～3の発想段階では、イメージスキルをメインに使います。このように、同じテーマの元で、論理スキルとイメージスキルを交互に使っていくのです。アタマのスイッチを切り替えましょう。

3 ステップ3：要素間を眺めてアイディアを伸ばす

他の要素の中身を見ながらアイディアを増やしていく

要素別に出し終わったら、A3の紙全体を見渡します。この時点で、要素別のアイディアは一通り出し切っているはずですが、アイディアというのは考えれば出るものです。

他の要素の中身を見ながら、それを触媒（アイディアのネ

タ）として使って、どんどん発想していくのです。

缶コーヒーの新商品コンセプト

缶コーヒーの新商品コンセプトでは、例えば、Timeのアイディアから、Placeのアイディアが出ないか、と考えます。

・通勤中
・会議中

と、Timeのところにあります。

すると、まだまだPlaceが出てくるはずです。

「通勤中」からは、
　・駅のホーム
　・電車の中

「会議中」からは
　・会社の会議室

などが新たなPlaceとして浮かびますので、Placeにこれを追加します。このように、他の要素を触媒として、どんどん伸ばしていきます。

また、ターゲットのところで「スポーツマン」が出ていると

第6章 論理×イメージ1：モーフォロジカル・アプローチ

ステップ3：ヨコの要素を見てタテを伸ばす

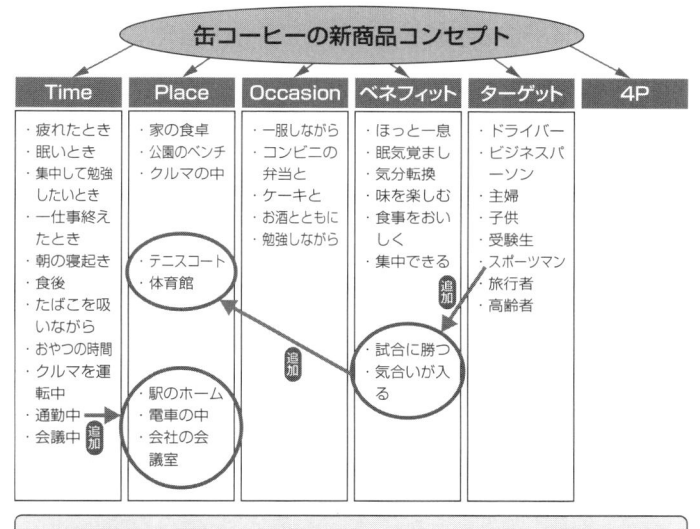

缶コーヒーの新商品コンセプト

Time	Place	Occasion	ベネフィット	ターゲット	4P
・疲れたとき ・眠いとき ・集中して勉強したいとき ・一仕事終えたとき ・朝の寝起き ・食後 ・たばこを吸いながら ・おやつの時間 ・クルマを運転中 ・通勤中 ・会議中	・家の食卓 ・公園のベンチ ・クルマの中 ・テニスコート ・体育館 ・駅のホーム ・電車の中 ・会社の会議室	・一服しながら ・コンビニの弁当と ・ケーキと ・お酒とともに ・勉強しながら	・ほっと一息 ・眠気覚まし ・気分転換 ・味を楽しむ ・食事をおいしく ・集中できる ・試合に勝つ ・気合いが入る	・ドライバー ・ビジネスパーソン ・主婦 ・子供 ・受験生 ・スポーツマン ・旅行者 ・高齢者	

他の要素を見ながら、要素内のアイディアをタテに増やす

します。すると、ベネフィットには「試合に勝てる」「気合いが入る」などがアイディアとして出るかもしれません。すると、「Time」には、運動中、という時間が入り、「Place」にテニスコート、体育館、などが追加されます。すると、今度はターゲットのスポーツマンがさらに具体化されて、「アスリート」「スポーツファン」「ジョギングする人」などのアイディアが次々と浮かびます。ここまで来れば、もう静止画発想が無限にできます。バスケットボールの高校の地区大会、東京ドーム

の野球の試合、などが出てきます。このように、要素を別々にタテに考えた「後」で、要素間をヨコに見てアイディアを再びタテに膨らませていくのです。

このあたりで、私なら「野球の巨人軍の選手に"勝てるコーヒー"として飲んでもらい、それと全く同じものを、巨人を応援するファンにも一緒に飲んでもらって」と、「動画イメージ」が動き出します。東京ドームで、ファンが一体となって巨人の応援歌「闘魂こめて」を歌っているシーンです。すると、缶コーヒーのパッケージには、応援歌の歌詞を入れて……と、具体的な製品アイディアに落ちてきます。すると、缶には巨人軍の選手が……と、どんどん具体化します。さらに、「……いや、これならむしろワールドカップの日本の応援として……それは無理か……せめて大学単位でならできるかも……早稲田の応援ドリンクとして……」などというアイディアが湧いてきます。このような発想力も動画イメージのメリットです。もちろん、このような発想が出てくるのは、私が巨人ファンで、東京ドームで応援している場面が実体験として私の動画ライブラリーに蓄積されているからです。

これが使えるか使えないかはともかく、ここで別の紙にメモしておきます。あとで4Pの具体的な販促を考えるときに使えるかもしれません。一貫性があるアイディアならば使えますし、なければ別のネタとしてとっておきます。缶コーヒーだと選手別の商品を作るのが生産ロット的に無理なら、ペットボト

ルではボトルに巻くビニールを変えることでできるかもしれません。このようなイメージ発想がわいているときは、それに任せて色々考えて書き留めていくのがよいです。このような、アイディアが次々に湧き出る「神様が降りてきている時間」は、人生において非常に貴重な瞬間です。このようなアイディアは、広告代理店の方なら、缶コーヒーには使えなくても他のクライアントに応用できますね。

ターゲットのところには、「受験生」というのがあります。受験生用の合格祈願缶コーヒーなどもあるかもしれません。最近菓子業界では、「キットカット」の「きっと勝つ」にかけたプロモーションや、「カール」の「受かる」にかけた「カールでウカール!? 合格祈願!!」などの商品がお菓子の棚をにぎわせています。缶コーヒーでやっても全然おかしくないかもしれません。**発想に詰まったら、このように他業種から借りてくる、というのは良い方法**です。

要素別に考えてから、それを相互に触媒として使ってさらにアイディアを発展させ、具体化していく、というのがモーフォロジカル・アプローチの面白さです。慣れると、無限にアイディアが出てくるようになります。

4 ステップ4：全体をモレ・ダブりなく構造化

論理スキル：「グルーピングとレベル合わせ」をする

　ここまでやってから、全体をモレ・ダブりのないように整理します。要素分解の「グルーピングとレベル合わせ」をここでも使います。整理しなくても構いませんが、整理するとモレに気づいてアイディアがまた出ます。アイディアというのは、切り口を変えて何回も何回も考えると、無限に出るものです。アイディアを出すのは才能ではなく、このようなスキルや方法の問題です。全くアイディアを出せなかった私ですら、このようなスキルを体得すれば、相当出るようになりました。

　ステップ2～3では、静止画イメージなどのイメージスキルで発想しています。それを一旦論理スキルで整理しましょう。全ての要素についてやる必要はありませんが、必要な要素、重要な要素についてはやっておきましょう。特に、ターゲットについては、セグメンテーションはモレ・ダブりなくやっておいたほうが何かと便利ですので整理しておきましょう。

　ステップ2～3で自由に発想した「後」に論理で整理をするのがコツです。イメージから論理に戻るのは割と楽にできますが、論理からイメージに行くことは少々やりづらいからです。

缶コーヒーの新商品コンセプト

　缶コーヒーの例では、「ターゲット」について、

第6章　論理×イメージ1：モーフォロジカル・アプローチ

　・ドライバー　・ビジネスパーソン　・主婦　・子供
　・受験生　・スポーツマン　・旅行者　・高齢者

　というふうにアイディアがランダムに出てきたとします。これはモレもダブリも多くあるアイディアですね。
　何らかの形で論理的に構造化しましょう。

　高齢者、主婦、子供、などは性別・年齢・職業でまとめられそうです。

　ドライバー、ビジネスパーソン、は職業でまとめられそうです。ドライバーもビジネスパーソンの一部ですので、ビジネスパーソンを「全体」として、それを再度要素分解した方がよさそうですね。もしくは、ビジネスパーソンとしておき、

　・クルマの中：ドライバー
　・オフィスの中：事務・管理系仕事

と分けるかもしれません。すると、「工場」などの生産現場がモレている、ということがわかります。「仕事」を全体とした場合の切り口のフレームワークには、例えばポーター氏のバリューチェーンが使えるかもしれません。開発→生産→販売というフレームワークで考えれば、

　・開発室

・工場の生産現場
・販売店舗

　などの「Place」が、「会社の仕事場」という大きな枠組みの中で出てきますね。これは、Placeに入れた方がよさそうですので、今回はPlaceも論理的に整理しつつ、その中にこれらの要素を入れておきます。**要素内を構造化しながら、要素間も構造化する**のです。

　このように、バリューチェーンなどの知られたフレームワークに沿ってアイディアを発想する、という手法もあります。要素分解でやった「切り口」がこのようなところで活きてきます。「切り口」は「知識」ですから、知っておくと、その分だけイメージ発想力が高まります。**イメージ発想をするにあたっても、論理的なフレームワークなどは触媒として知っておいた方がよい**のです。繰り返しますが、論理思考とイメージ発想の両方ができることが重要なのです。

　ターゲットの整理に戻ると、旅行者、スポーツマン、は、「趣味」という括りでよさそうです。趣味のモレ・ダブリを考えると、趣味には読書や映画鑑賞、などもありますよね。とすると、これはむしろ「Occasion」に持っていって、「趣味をしているとき」として、スポーツ、旅行、読書、などと具体化したほうがよさそうです。

結局、ターゲットのところは、単純に性別・年齢・職業でまとめ、それ以外の要素はPlaceやOccasionに持っていく、ということでターゲットについては、モレもダブリもなくまとめられそうです。このように、タテ・ヨコを論理的に「構造化」していきます。

　あまり細かく分けても意味がないので、例えば、以下のようにまとめても結構です。20歳以上は、性別（男女）、未婚既婚でざっくり分けてみました。

○小学生以下の子供

○中学・高校生・大学生の男女
　部活・受験

○20〜39歳
　男性・独身／男性・既婚／女性・独身／女性・既婚

○40歳以上
　男性・独身／男性・既婚／女性・独身／女性・既婚

　相当粗いとはいえ、一応モレ・ダブリがあまりない分類になりました。職業の有無も加えたいところですが、20〜39歳の男性・独身であれば、多くの人が働いています。40歳以上の女性・既婚者であれば、働いている人は少なめと、割り切ります。実際には、「静止画イメージ」でやったように、絵が描け

るくらいに具体化した上で、さらに細かく分類しましょう。

　すると、最終的にステップ4の図のような感じになるでしょう。

ステップ4：論理的に整理する

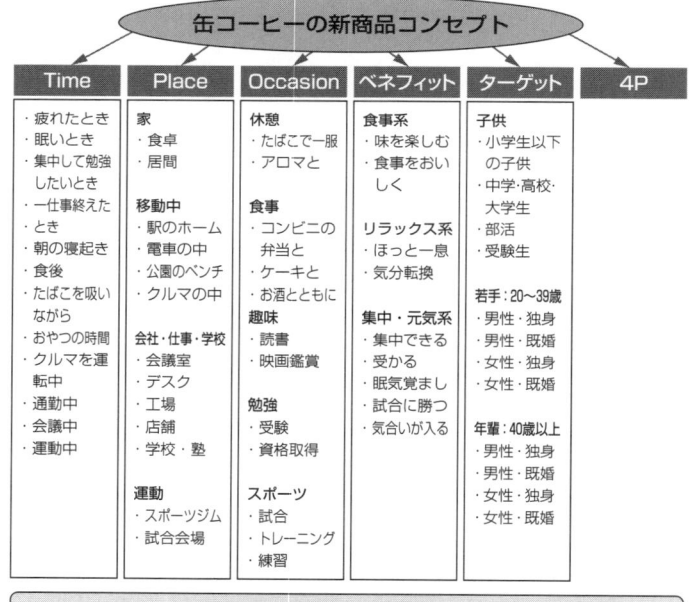

缶コーヒーの新商品コンセプト

Time	Place	Occasion	ベネフィット	ターゲット	4P
・疲れたとき ・眠いとき ・集中して勉強したいとき ・一仕事終えたとき ・朝の寝起き ・食後 ・たばこを吸いながら ・おやつの時間 ・クルマを運転中 ・通勤中 ・会議中 ・運動中	家 ・食卓 ・居間 移動中 ・駅のホーム ・電車の中 ・公園のベンチ ・クルマの中 会社・仕事・学校 ・会議室 ・デスク ・工場 ・店舗 ・学校・塾 運動 ・スポーツジム ・試合会場	休憩 ・たばこで一服 ・アロマと 食事 ・コンビニの弁当と ・ケーキと ・お酒とともに 趣味 ・読書 ・映画鑑賞 勉強 ・受験 ・資格取得 スポーツ ・試合 ・トレーニング ・練習	食事系 ・味を楽しむ ・食事をおいしく リラックス系 ・ほっと一息 ・気分転換 集中・元気系 ・集中できる ・受かる ・眠気覚まし ・試合に勝つ ・気合いが入る	子供 ・小学生以下の子供 ・中学･高校･大学生 ・部活 ・受験生 若手：20〜39歳 ・男性・独身 ・男性・既婚 ・女性・独身 ・女性・既婚 年輩：40歳以上 ・男性・独身 ・男性・既婚 ・女性・独身 ・女性・既婚	

全体を論理的に整理する

5 ステップ5：組み合わせる

各要素を柔軟に組み合わせてアイディアを具体化する

これまでが、下準備です。料理で言えば、素材の皮を剝いて下ゆでなどが終わった状態ですね。ここからが味付け、という一番楽しいところです。

やることは単純で、ここまで要素別に考えてきた内容を、ヨコに柔軟に自由に結びつけて、アイディアを出していきます。かなり無理のある組み合わせもあるかもしれませんが、それも一興として、色々考えていきましょう。

缶コーヒーの新商品コンセプト

ではいよいよ缶コーヒーの新商品コンセプトを具体的に考えていきましょう。

4Pは、やっとここで考えていきます。4Pは前にも出てきた、商品・サービス、広告・販促、販路・チャネル、価格、の頭文字の4つのPで、マーケティングの戦術でモレ・ダブりのないとされるフレームワークです。

4Pを最後にした理由は、ベネフィット、ターゲット、強み・差別化、の3つは「戦略」という大きな方向性レベルで、4Pは「戦術」という、戦略に基づいて具体的に何をするか、という行動レベルのことだからです。戦略を考えてから戦術を考え

るという順番の方が好ましいことが多いのでそうしています。

　では、本当に適当につなげていきます。

　　T→P→O→ベネフィット→ターゲット　とつなげましょう。
　例えば、

　Time：疲れたとき
　Place：公園のベンチで
　Occasion：お酒とともに
　ベネフィット：眠気覚ましのために
　ターゲット：小学生が飲む缶コーヒー

　という意味不明なつながりも多くできます。ありえないものは無視すればいいだけです。アイディアを消すのは簡単ですから、作ることに集中しましょう。

　Time：クルマの運転中に
　Place：クルマの中で
　Occasion：運転しながら
　ベネフィット：眠気覚ましのために
　ターゲット：ドライバーが飲む缶コーヒー

　ですと、当たり前すぎて面白くありません。とにかく色々と

組み合わせを試してみます。

　要素別のアイディアが多くあった方がよいことがここでわかりますよね？　アイディアは、基本的には「組み合わせ」です。10 × 10だと100ですが、15 × 15 = 225ですと一気に2倍、20 × 20で400で4倍、と幾何級数的に増えていきます。だから、要素内のアイディアをタテに伸ばしていくことが重要なのです。数が多い方が意味がある組み合わせが見つかる可能性も高まります。

ありそうで無かった組み合わせを探す

　そのように組み合わせを考えていき、「ありそうで無かった」組み合わせを探します。「ありそうで無かった」というのは、潜在的にはニーズがありそうだが存在しない、という売れる商品や企画であることが多いのです。

　例えば、今回の例では、

Time：集中したいとき
Place：学校・塾で
Occasion：受験勉強中
ベネフィット：勉強に集中して受かるために
ターゲット：受験生が飲む缶コーヒー

という組み合わせで、4Pが

商品：カフェイン増量、甘み強め、DHA入り、180ml
広告・販促：「コーヒーで合格！」
販路・チャネル：塾・予備校の自動販売機、または直販
価格：150円

という商品企画があったら、面白そうではありませんか？
また、

Time：運動中
Place：スポーツジムで
Occasion：トレーニング中に
ベネフィット：気合いを入れるために
ターゲット：40代以上男性が飲む缶コーヒー

という組み合わせで

商品：アミノ酸入り、ゴクゴク飲める500ml
広告・販促：「カフェインで気分に気合、アミノ酸でカラダに気合い」
販路・チャネル：ジムの自販機、スポーツ店
価格：250円

という展開も面白いかもしれません。CMはアニマル浜口さんでしょうか（「気合いだあ！」）。こうすると、チャネルも広がり、スポーツ店などでも扱ってもらえるかもしれませんね。

第6章 論理×イメージ1：モーフォロジカル・アプローチ

ステップ5：要素をつなげてアイディアを出す

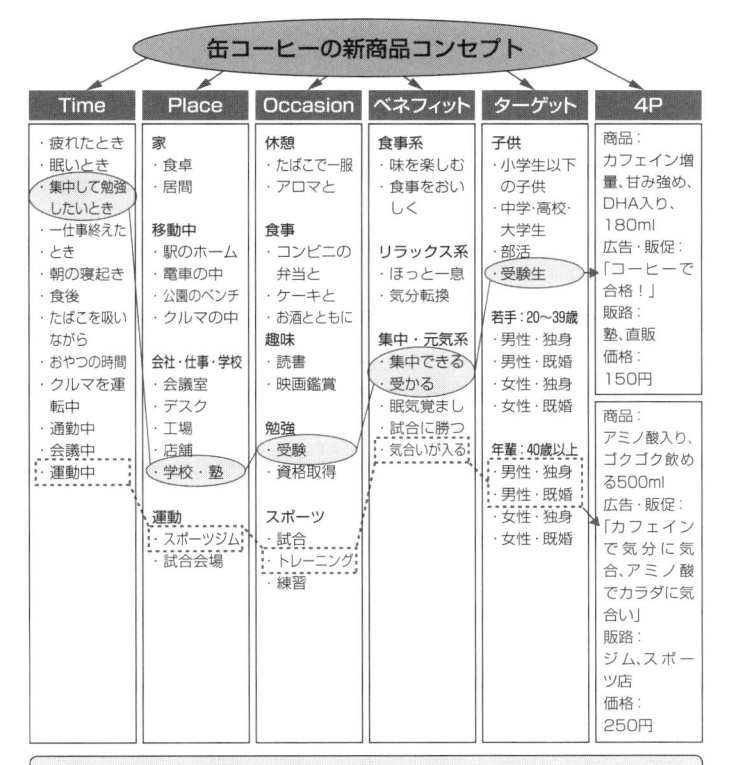

缶コーヒーの新商品コンセプト

Time	Place	Occasion	ベネフィット	ターゲット	4P
・疲れたとき ・眠いとき ・集中して勉強したいとき ・一仕事終えたとき ・朝の寝起き ・食後 ・たばこを吸いながら ・おやつの時間 ・クルマを運転中 ・通勤中 ・会議中 ・運動中	家 ・食卓 ・居間 移動中 ・駅のホーム ・電車の中 ・公園のベンチ ・クルマの中 会社・仕事・学校 ・会議室 ・デスク ・工場 ・店舗 ・学校・塾 運動 ・スポーツジム ・試合会場	休憩 ・たばこで一服 ・アロマと 食事 ・コンビニの弁当と ・ケーキと ・お酒とともに 趣味 ・読書 ・映画鑑賞 勉強 ・受験 ・資格取得 スポーツ ・試合 ・トレーニング ・練習	食事系 ・味を楽しむ ・食事をおいしく リラックス系 ・ほっと一息 ・気分転換 集中・元気系 ・集中できる ・受かる ・眠気覚まし ・試合に勝つ ・気合いが入る	子供 ・小学生以下の子供 ・中学・高校・大学生 ・部活 ・受験生 若手：20〜39歳 ・男性・独身 ・男性・既婚 ・女性・独身 ・女性・既婚 年輩：40歳以上 ・男性・独身 ・男性・既婚 ・女性・独身 ・女性・既婚	商品： カフェイン増量、甘み強め、DHA入り、180ml 広告・販促： 「コーヒーで合格！」 販路： 塾、直販 価格： 150円 商品： アミノ酸入り、ゴクゴク飲める500ml 広告・販促： 「カフェインで気分に気合、アミノ酸でカラダに気合い」 販路： ジム、スポーツ店 価格： 250円

要素をヨコにつなげて、アイディアを出す

論理スキル×イメージスキルでアタマの使い方を切り替える

モーフォロジカル・アプローチでは、論理スキルとイメージスキルの両方を使いますが、考えるときは別々にアタマを使い分けましょう。

例えば、利用場面（TPO）とベネフィットは合っているか、ターゲットとベネフィットに一貫性があるか、という一貫性は論理的に確認する必要があります。

その一方で、「そのようなシーンは具体的にイメージできるのか」という肌感覚でのチェックも必要です。例えば炭酸入りコーヒーを考えたとして、70歳の方がピザと一緒に炭酸入りコーヒーを飲んでいるシーンは想像しづらい、などとイメージで検証します。これを意識して使い分けてください。

論理的一貫性を確認する

アイディアを出す際も、会社としての戦略的一貫性を保つ必要があります。途中で書くとわかりにくいのでいれませんでしたが、会社として狙っているターゲットやベネフィットがある場合には、ステップ２～３であらかじめ絞っておきます。

例えば、会社としてシニアを開拓したいのであれば、ステップ２～３のターゲットの部分で、シニア層だけについて具体的にアイディアを出すのです。「シニア」といっても色々な方がいます。一般的に「シニア」だと広すぎて具体性に欠けます。

65歳と80歳では全く違うでしょう。杖をついている方と、元気にゴルフだ旅行だと飛び回っている方では全く違います。これなら、会社として狙っているターゲット層（シニア）と一貫性が保てます。

静止画イメージ、つぶやきイメージで具体性を確認する

　商品コンセプトができたら、最後に、それがぴったりはまる利用場面や顧客ターゲットに違和感がないか、静止画、つぶやき、動画などの各イメージスキルで検証します。

　例えばスポーツジムでアミノ酸入りコーヒーをゴクゴク飲んでいる静止画に違和感を感じないかどうか、です。そして、つぶやきイメージで、お客様の言葉を確認します。つぶやきイメージで、「なんか効いてきた」という言葉が入るかもしれませんね。そこまで考え、「カフェインの効果が出るのは、飲んでから30分後だ」となれば、利用場面を修正します。利用場面はジムではなく、ジムに行く前に家で飲む、となるかもしれません。すると、ジムに行くアンダーウェアやタオルなどを用意しながらその合間に飲む、という利用場面が動画で思い浮かぶかもしれません。そこから巻き戻すと、「一体いつ買うのか？」となります。すると、ジムの自販機で売っていてもあまり意味がない（飲んでも間に合わない）ので、チャネルはスポーツ店の方がいい、直販でハコで買ってもらう方がいい、というように考え直す、というサイクルを回します。

いかがですか？　論理スキルとイメージスキルをやりとりしながらフル活用すると、ここまで仮説検証ができます。私はここまで文字通り論理スキルとイメージスキルを使ってこの缶コーヒーの事例を「思考」「発想」しています。ここまでくれば、この仮説について市場調査をする、生産体制を確認する、テストマーケティングを行う、などして論理的に検証できます。

これでダメなら前のステップに戻る

ここまでやってみて、どうにもダメであれば、あらためてステップ２に戻って、アイディアを出すところまで戻って、再度トライしてみる手はあります。

それでもダメなら、要素の切り口が悪かった、あるいは足りなかったのかもしれませんので、ステップ１の要素分解まで戻って切り口を見直すか、あるいはテーマ設定を根本から見直すことになります。

このアプローチは私の母校ペンシルベニア大ウォートン校の「マーケティング戦略」というコースで知りました。Jerry Wind教授という、世界的にも有名な名物教授から教えていただきました。「戦略」のクラスでこのような「実戦的」かつ「具体的」な手法を学ぶ、というのは非常に印象的でした。それ以来、十年以上かけて私が改良・発展させてきたのが本書で紹介している方法です。このアプローチをここまで昇華・具体化させたのは、世界的に見ても本書だけなのではないかと自負して

います。

6 チームでの進め方

モーフォロジカル・アプローチは1人でもできますが（私もよく1人でやります）、職場のチームなど、複数の方で行うと効果はさらに高まります。チームで行う場合には、以下のように進めましょう。

ステップ1：テーマと要素分解の決定

これは、ヘッドやリーダーの方が、「このようなテーマをこのような要素で考えよう」という指示を出すか、誰かが決定します。これは、「決め」の問題で、良い悪いではありません。

ステップ2～3：アイディア出し

ここは、みんなでやります。できれば、違う感覚を持っている第三者の方や違う部署の方（良い意味での「よそ者」）を混ぜると新しいアイディアが出ます。また、変わった見方をする方（良い意味での「変わり者」）がいらっしゃると、行きづまったときの突破口になります。

ステップ4：論理的構造化

これは、論理思考が得意な1人の方が集中して行うと効率が良いです。これをみんなで議論すると進みません。

ステップ5：組み合わせ

　ここはまたみんなでやります。わいわいがやがやと議論します。ここで「要素が足りない」ということになれば、ここで要素を追加して議論しましょう。ここでやりっぱなしにせず、「次は調査をかけよう」「試作品を作ってみよう」という次の行動をここで決めておくことも大事です。

　この方法で、チームのポテンシャルが最大限発揮されます。

2 モーフォロジカル・アプローチのメリット

　モーフォロジカル・アプローチには、様々なメリットがあります。

① 誰でもアイディアが出せる

　モーフォロジカル・アプローチを実際にやってみるとおわかりになりますが、無限と言っていいほどにアイディアが出ます。この手法を私が学んだのは十数年前ですが、それまでは全くと言っていいほどアイディアが出せなかった私が、「自分にもできる。アイディア発想は後天的に学べるスキルなんだ」ということが身をもってわかったスキルです。いわゆる「アイ

ディアセンスに乏しい」方でも、このようなスキルがあれば、このようなスキルを知らないアイディアマンと互角以上に戦えます。体系化されているだけに、再現性もあります。ぜひやってみてください。

❷ チームでやるとチーム内の意思統一ができる

チームで行った場合には、その時点でチームメンバーの意見が反映され、また、議論・合意の過程が共有されます。特に静止画イメージでお客様の絵や利用場面を描きながら進めていれば、チームメンバーの意識合わせもできます。

❸ 論理的一貫性と肌感覚的具体性の両立

モーフォロジカル・アプローチでは、

ステップ1（要素分解）　　論理スキル
ステップ2〜3（発想）　　イメージスキル
ステップ4（整理）　　　　論理スキル
ステップ5（組み合わせ）　論理×イメージ

と、論理スキルとイメージスキルの両方を使います。まさに左脳と右脳をフル活用した手法ですので、少々大げさに言えば、人間の潜在脳力をフルに発揮できます。

そして、それを先ほどのようにチームで役割分担をして行えば、チームメンバーの得手・不得手を超えて、チームとしての強みを結集した企画や提案ができることになります。非常にパワフルなスキルですので、ぜひ活用してみてください。

3 モーフォロジカル・アプローチの切り口

1 要素分解の切り口次第で色々な用途に使える

　モーフォロジカル・アプローチは、要素分解の切り口次第で色々と応用ができます。向いているのは、拡散・開放方向のテーマです。新しい商品コンセプトを考える、ユニークな販促テーマを考える、などの方向性です。逆に、戦略をきっちりきっちり詰めていくには、モーフォロジカル・アプローチは向きません。戦略BASiCSなどの戦略フレームワークで、論理スキルとイメージスキルを使いながらも、収束方向で考えていく方がよいです。

ステップ1の切り口の論理性

　ポイントは、ステップ1の要素分解の切り口です。この選び方でモーフォロジカル・アプローチの成否の多くが決まります。論理的一貫性を保ちつつ、かつ、具体的なアイディアが出

せる切り口が必要です。その意味でも、切れ味の良い論理的なフレームワークを日頃から収集しておくことが肝心です。フレームワークは論理的かつ実戦的である必要があります。私の著書でも、各種公開しているのでよろしければご参考ください。ぜひ色々と試してみてください。

切り口は、そのときのニーズに合わせて自分でお考えになるのが一番よいのですが、そのご参考となるような切り口をご紹介していきましょう。新商品コンセプトは先ほどのような切り口でよいかと思いますので、違う切り口を紹介します。

用途提案の切り口

例えば、製品は変えられないけれども、色々な使い方を提案して売上を伸ばしたい、という場合はあります。

例えば、インスタントラーメン（袋麺）の新しい使い方を考えてみましょう。スーパーマーケットが、販促・フェアなどで売上を伸ばしたい場合には例えばこのように使います。

ラーメンを要素分解すると

・麺
・スープ・調味料
・具

となるでしょう。この場合は製品（麺）は変えないとして、家庭にありそうなスープと具について色々と考えていきます。

スープ
・普通に溶かす　・冷たいスープ　・鍋の残り汁
・めんつゆ　・みそ汁　・トマトソース

調味料
・ごま油　・みりん　・醤油　・味噌
・スパイス　・カレー粉　・パスタソース　・かつお節

具
・卵　・野菜　・肉

などなどとなりますよね。ここまでくれば、もう後は適当に組み合わせて、

・麺をゆでて冷やし、醤油とごま油とかつお節を載せた「ぶっかけ麺」（さぬきうどんのイメージ）、
　その応用でレタスをちぎって乗せて「サラダ麺」
・麺をゆでてパスタソースと生卵にからめて「イタリアンラーメン」
・レトルトカレーをかけて、「カレー麺」（カレーうどんのイメージ）
・すきやきの残りの汁に割っていれる「シメのラーメン」

などなどを、季節やターゲット顧客に合わせて店頭で訴求すればよいわけです。もちろん試してみておいしいものに限りますが……ぶっかけ麺なんかは、多分おいしいでしょう。

販促テーマの切り口

店舗、レストランなどの月間販促テーマなどもこれでできます。イベントカレンダーのような企画ですね。このときには、スーパーマーケットであれば、

地域　×　季節のイベント　×　食べ物

という切り口の販促テーマは面白そうです。

地域は、例えば都道府県でいいですね。
- 青森県　×　ねぷた祭り　×　8月の青森の旬のメニュー
- 博多　×　どんたく　×　5月の博多の旬のメニュー

など、いくらでもできます。

地域　×　歴史上の人物　×　お酒

も面白そうです。
- 新潟県　×　上杉謙信　×　新潟の地酒
- 山梨県　×　武田信玄　×　勝沼ワイン

など、信玄がワインを飲んだかどうかはともかく、色々と組み合わせられます。

イタリアンレストランならイタリアの歳時記ですね。イタリアといっても広いでしょうから、各地域をとりあげてもいいでしょう。私の知り合いがイタリアのシチリア島に住んでいますが、島の内部でも海岸部と内陸部では食べ物が違うそうです。

現在なら検索サイトなどで各地のイベントや郷土料理を検索すれば簡単に出てきますね。別に自分で考える必要はありません。ネットを触媒として使うと、ネタは無限に出ます。

広告・DMの切り口

モーフォロジカル・アプローチは広告やDMなどの「クリエイティブ」にも使えます。例えばDMについて考えてみましょう。DMの封筒などは、

大きさ ×　色　× デザイン ×　形

ですね。

大きさ
・普通の封筒　・A4　・超小さく

色
・金　・銀　・パール

第6章 論理×イメージ1：モーフォロジカル・アプローチ

形
・長方形　・正方形　・三角形　・ハート型
・人の形　・動物の形

などを組み合わせれば、結構目立つDMができそうです。

　私は、トートバッグ型のDM（実際に袋状の封筒に持ち手のヒモがついているDM）などで、DM大賞の賞をいただき、クリエーターとして表彰されました。モノは考えようで、組み合わせで考えれば色々とできるものです。例えばクリスマスにハート型のDMが来たら、結構インパクトがありますよね？

　このように、**モーフォロジカル・アプローチは切り口によっては色々と使えます**。ぜひ切り口を色々と変えて試してみてください。その効果は折り紙付きです。論理スキルとイメージスキルをぜひフル活用してくださいね。
　ここまでの6つのスキルで、一区切りです。「要素分解」から始まり、「静止画」で絵を描き、「つぶやき」の言葉を加え、時間軸を加えて「動画」にたどり着きました。そして、それを「プロセス分解」で再度論理化した上で、最後に「モーフォロジカル・アプローチ」で統合する、という実戦的な思考・発想体系が完結しました。
　それぞれ単独でも十分に使えるスキルですが、組み合わせて使う（＝左脳と右脳を活用する）と、さらに思考が深まり、発想が広がることがおわかりいただけたかと思います。

論理とイメージの相互補完

　繰り返しますが、重要なのは論理とイメージの相互補完です。論理スキルでの思考は、肌感覚的現実感に欠けます。それを、静止画、つぶやき、動画などのイメージスキルで補います。イメージスキルでの発想は、単に「イメージ」ですから、正確性、論理的一貫性に欠けます。イメージしたものが本当か、数字や論理と合わせて事実を確認しましょう。また、やっていることがバラバラにならないよう、論理スキルで一貫性を保ちましょう。

　この2つのスキルが同じ人の中で両立していることは非常に少ないのです。得手不得手はあるにしても、これは「スキル」ですのである程度までは誰でもできます。論理スキルとイメージスキルの両方を身につけると、あなたの強力な差別化ポイントになります。ぜひやってみてください！

第7章

論理 × イメージ2：数値化＆グラフ

何でも数値化して、「魅せる」グラフをつくろう

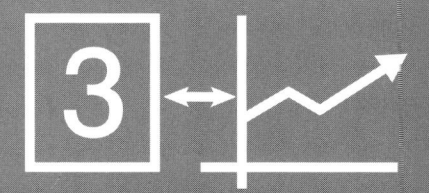

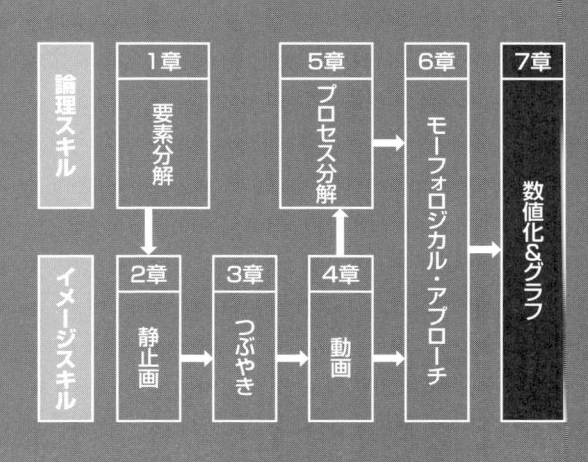

論理スキル	1章 要素分解			5章 プロセス分解	6章 モーフォロジカル・アプローチ	7章 数値化＆グラフ
イメージスキル		2章 静止画	3章 つぶやき	4章 動画		

最後のスキルも、前章のモーフォロジカル・アプローチ同様、論理とイメージを合わせて考えるスキルです。**数値化した上で数字で論理思考をし、それをグラフ化してイメージ発想をする、数値化＆グラフ**です。

戦略における「数字」の重要性

最後のスキルは、「数字」のスキルです。マーケティングに限らず、どんな仕事でも「数字」から切り離せることはそう多くありません。マーケティングには「文系」のイメージが一般的にはあり、ここまで紹介してきた6つのスキルはその印象を強めるものかもしれません。しかし、マーケティングにおいても数字は非常に重要です。本書の姉妹書、『図解　実戦マーケティング戦略』のサブタイトルは「使える戦略は数値化できる」です。ここまでの6つのスキルは、論理とイメージに分けているとはいえ、大きくは全て「文系のロジック」でしょう。最後に、「数字」による思考・発想スキルを考えていきましょう。

数字を使おう、というのは、当たり前のようで全く当たり前ではありません。というのも、数学科をご卒業されたような方を除き、ビジネスパーソンは（洋の東西を問わず）あまり数字やグラフの扱いに強くないのです。優秀なビジネスパーソンでも、です。私も数学は苦手科目でしたが、MBAで猛勉強させられ、かえって強みになりました。ただ、そんなに難しいことを知らなくても大丈夫です。ここで使うのは、中学校レベルま

での数学で対応できることです。

本書のテーマは「論理」と「イメージ」のやりとりですが、数字も同じく「論理」と「イメージ」で捉えていきます。

この章でも、論理思考とイメージ発想の両方を扱います。**数字による論理思考、グラフによるイメージ発想**、の2つです。数字とグラフはほぼ不可分で、**数値化&グラフでワンセットのスキル**だと私は考えています。

1 論理思考：数字で「思考」する

経営でも人生でも、色々な意思決定に迫られます。そのときには、数字で考えてみると考えが明確になることが多いです。

「数値化」して数字で考える

何かが変化した、という場合、数字で考えましょう。単純に、「どのくらい？」という質問を自分に、もしくは誰かに投げかけるのです。例えば「不況になった」と言われた場合、「どれくらい？」と問いましょう。

「売上が下がっている」という場合も、そこで止めずに、「ど

れくらい？」と考えます。5％下がっている場合と、30％下がっている場合では、原因や打ち手が違うはずです。

「最近ストレスが増えた」と感じた場合でも、では「どれくらい増えたのか」と自分に問うてみましょう。1割増えたのならガマンできても、2倍になったらパンクしてしまうかもしれませんので、根本的な対策（転職など）が必要になるでしょう。数値の「程度」によって、打ち手が変わります。「変化」が起きた場合には、「どのくらい？」という質問を投げかける習慣をつけましょう。

❶ 大抵のことは「数値化」できる

「ストレス」など、数値化できないものの方が多い、と言われるかもしれませんが、大抵のことは、何らかの形で数値化できます。厳密性はなくても、ある程度は数値化できます。

　売上の上下などは当然数値化できますし、数値化すべきです。お客様の自社商品の認知率、好意度の変化、などは普通に調査でわかるでしょう。

「自社製品は使いにくい」という場合も、「どれくらい？」と問うてみましょう。競合製品と比べてどれくらい使いやすい・使いにくいかは、お客様にそれぞれの使いやすさを100点満点で評価してもらうなどで数値化できます。「自分のストレスレ

ベル」も数値化できます。全くストレスが無かったときをゼロ、最大だったときを100として、自分の人生におけるストレスの変化の推移を考えてみることは可能です。

　私は、自分の「完全燃焼度」の推移を数値化することを勧めています。あるとき、60名の方（ほとんどがビジネスパーソン）に、自分の現在の「完全燃焼度」を100点満点で数値化していただいたところ、その平均値は68.3でした。多くの方が7割くらいの燃焼度で不完全燃焼していることがわかります。私は自分の燃焼度が高かったときを分析したところ、自分が100％の決定の自由度を持っているときに幸福度・燃焼度が高いことがわかったので、そういう条件を作り出しました（独立して自分が社長になりました）。その結果、肉体的なストレスはむしろ上がりましたが、精神的なストレスは限りなくゼロに近くできました。主観を数値化することにより、色々とわかることがあるのです。これはぜひ数値化の練習としてやってみてください。

　このような場合の「数値化」は必ずしも厳密でなくて構いません。顧客満足度や従業員満足度などは、全て評価者の「主観」の数値化です。満足度などの場合はその「主観」が正しいわけで、それを数値化して比較可能な「客観」にすることには大きな意味があります。さらに、「35％」というピンポイントの正確な数字も不要です。数字の範囲がわかればよいのです。顧客満足度が30％であろうと40％であろうと、大差ありませ

ん。それが大問題だ、という結論は同じだからです。

2 数字のコミュニケーション力

　数字には、強いコミュニケーション力があります。数字「だけ」で伝わることもあります。

　少し前、「世界がもし100人の村だったら」、という本やサイトが広く知られましたね。世界を100人に縮小し、その単位で大きく俯瞰して世界を捉えるわかりやすさとそのインパクトで人気を呼びました。抜粋しますと、世界が100人の村だったら、57人のアジア人、21人のヨーロッパ人、14人の南北アメリカ人、8人のアフリカ人がいます。6人が全世界の富の59％を所有し、その6人ともがアメリカ国籍です、というように、大変わかりやすいのです。

　私もこの手法にならって、私のメルマガ（売れたま！）で、「日本が千人の村だったら」という特集を組みました。日本の人口1億2777万人（2005年国勢調査）を、千人に縮小し、それと同じ割合で他の全てのデータを縮小しただけです。その一部をご紹介しましょう。数字の厳密な正確さについてはご容赦いただき、例としてお考えください。

日本が千人の村だったら
　日本が千人の村だったら……女性が512人、男性が488人い

ます。19才以下の未成年人口は、189人です。10代区切りで見て、一番多いのは50代の150人、一番少ないのは9才以下の90人と、10代以下の人口が急激に減っていることがわかります。60代が126人、70代以上が143人で、村の人口の1／4以上の269人が60才以上の村人です。

近年は毎年8人産まれ、8人が亡くなります。死因は、2〜3人の方はいわゆる「ガン」です。心臓病（心筋梗塞など）、脳血管疾患（脳梗塞など）、肺炎でも1人ずつ亡くなります。村では自殺する人は近年増えましたが、0.24人、つまり4年に1人出る計算です。

村では晩婚化が進み、30代で未婚の方は男性で33人（結婚している方は48人）、女性で21人（結婚してる方は56人）います（注＊）。30代男性の41％、30代女性の28％は未婚です。40代になるとこの割合はかなり下がり、男性で21％、女性で11％です。結婚したくないというよりは、遅くなっている、ということのようです。確かに「肌感覚」でも、最近小さい子供をつれたパパの年齢が上がっていることはわかります。

70代以上の方々については、男性で結婚してる方は54人で、奥様と死別された方は9人です。しかし、70代以上の女性の場合、結婚されている方は39人で、ご主人と死別された方が52人もいます（注＊）。恐らくこの人数は将来増えるでしょう。そのうち、人口の1割は配偶者と死別した高齢者、という日が来るのかもしれません。

外国人は12人いて、国籍は4人が韓国・朝鮮、3人が中国、2人がブラジル、1人がフィリピンです。千人のほとんどは日本人です。

　村の土地の66.4％は森林で、農地は12.6％です。住宅地は4.9％、道路は3.5％あります。

　私たちの胃袋を支える大事な農林漁業に従事しているのは2人です。村の面積の1割以上を占める農地を2人の村人で耕作しています。食料自給率は4割ですが、それを2人で支えています。2人とも男性で、2人とも50才以上です。農業の高齢化は村人にとって、大変な問題です。

　建設業で32人働いていますが、村の公共投資はこれから減っていくようで、建設業は厳しいと言われています。農林漁業の村人の10倍以上が建設業で働いています。

　村では、若いのに働いていない村人達（村ではニートなどと呼ばれているようです）が最近問題となっているようです。15～34才で無職の村人は17人いますが、うち10人は求職活動中です。7人は求職活動をせず、働く意欲もない村人です。
　千人中459人の働き手がどの業種でどのように働くか、そして働いていない半数以上の村人に働いてもらうかどうか、というのは日本村の競争力という意味で、重要な村の戦略です。

（注＊）について：数字が年代別の人数と合いませんが、両方とも国勢調査の数字です。それぞれの母集団にズレがあるため、合計しても合いません。

　いかがですか？　単位を揃えて数値で表現すると大分わかりやすくなりますよね。政府の統計報告も毎年このような形で行っていただくと、大分伝わりやすくなると思います。**数字にはそれ自体に強いコミュニケーション力がある**のです。

参考資料：2005年国勢調査、総務省統計局HP　グラフでみる日本の統計
(www.stat.go.jp/data/nihon/graph.htm)
2006年　事業所・企業統計調査

3　数字から考える

数字から「発想」する

　ここまで数字が出れば、ある程度の結論は見えてきます。先ほどの「日本が千人の村だったら」で考えてみましょう。

　日本の土地の12.6％は既に農地になっています。そして食料自給率が40％（供給熱量ベース）です。生産効率を上げずに自給率を80％にしようとすると、農地を2倍にしなければなりませんが、そうなると国土の1／4が農地になってしまいます。ですので、生産効率を上げるしかありません。農林漁業人口は千人中2人しかいませんし、高齢化しているのでそこに人手を集めるにはどうすれば……というのは誰しもが納得する議論になりますよね？　数字を集めて、関連づけて、わかりやす

く見せると、同じような結論にたどり着くものです。**意見が異なる場合は、前提としている数字は何なのか、それをはっきりさせると意見が近づくことも多いのです。**

　このように、数字をベースに発想していくのも有効な手法です。特に政府の統計データは、非常に充実しています。国勢調査、事業所統計、家計調査、などには使えるデータが多くありますので、総務省統計局のHP（www.stat.go.jp/data/index.htm）などは「お気に入り」に入れておくとよいと思います。

　数字で考えたであろう事例を紹介します。日清食品が2009年1月に「カップヌードルライト」という、低カロリーカップヌードルを出しました。通常のカップヌードルは364kcalですが、半分近い198kcalまで落としたまさに「ライト」カロリーのカップヌードルです。

　カップヌードル364kcalのうち、麺が310kcalを占めるそうです。ですので、日清食品のブランドマネージャーの方は、スープや具は同じでも、麺のカロリーを半減できればいい、と考え、そこからそれを実現する方法を考えていったそうです。こう考えるのは、当たり前と言えば当たり前です。しかし、カップヌードル＝麺＋スープ＋具　と要素分解され、麺のカロリーが8割以上を占める、という数字が出たからこそ「当たり前」と思えるのです。（参考資料：2009/01/23、日経MJ、P.3）

4 数値化のメリット

他にも、数値化のメリットは色々とあります。主要なものをあげておきます。

定量・定性を繰り返して本質に迫る

数値化すると、その数字の変化の理由をさらに突っ込んで考えられます。

例えば、ビールの商品開発・改善をするとしましょう。あるビールを飲んでもらって、「すごくおいしい」と評価する人と、「すごくまずい」と評価する人がいたとします。

同時に、例えば
- 苦みの強さ
- のどごし
- アルコールの強さ

を評価してもらっているとします。

その結果、「すごくおいしい」と評価した人と「すごくまずい」と評価した人の違いが、「苦み」の評価に表れたとします。「すごくおいしい」人は、「あまり苦くない」と感じており、「すごくまずい」人は、「すごく苦い」と感じたとします。この場合、苦みに対する耐性が評価の違いだという仮説がたてられます。であれば、苦みに対する耐性で顧客セグメンテーションをするべきかもしれません。苦み耐性が無い方にはこのビールは受け入れられないので、では、苦みを何らかの形で減

らしたビールを開発できたらこの層に受けいれられないのか、と突っ込んで考えていくことができます。

　そこまで考えれば、「すごくまずい」と回答した方を選んで、定性調査＊をします。普段飲んでいるアルコールやビールに対する不満などを１対１の聞き取り調査をしたり、自由回答筆記式の調査を実施するのです。そしてそこからイメージ発想を行います。苦みが嫌いな人とはどんな人で、どんなことに困っている（例えば居酒屋で飲むものが少ない）のか、などです。**数値化を端緒として、そこからより具体的なイメージ発想ができる**わけですね。

　　＊定性調査：定量調査（数字を定量的に調べる調査）の対の概念で、顧客の言葉などを収集する調査

　このように、定量調査と定性調査のやりとりをする、というのは、本書のテーマの「論理とイメージのやりとり」を調査に適用した考え方です。

　ビール会社に限らず、多くの食品関連会社はSEテスト（官能試験）を真剣にやっています。顧客に試食・試飲してもらい、味の要素を細かく評価してもらい、その結果に基づき、苦み・甘み、などを修正していくわけです。「味」という非常に主観的なものを徹底的に数値化しているのです。私が食品メーカーに勤務していたとき（10年以上前の話です）にこの調査方法を初めて知ったのですが、当時の私は、「味も数値化できるんだ！」と驚いたことを覚えています。

数値化すると比較可能になる

　数値化すると、比較ができるようになります。例えば、過去と比較したり、他社と比較することができます。
「自社製品の好意度」を数値化すれば、それが過去と比べて上がっているのか下がっているのか、他社と比べて勝っているのか劣っているのか、と比べることができます。比較ができれば、「なぜそうなっているのか？」を要素分解で考えていくことができますよね。

意思決定がしやすくなる

　比較が可能になると、意思決定がしやすくなります。重要な決断をする場合、何でもいいから数値化してみることは、意思決定をしやすくしてくれます。

　例えば、転職すべきか決める際に、現在の職場・仕事の
　　・仕事のやりがい／充実度
　　・周りの人（上司・同僚）との相性
　　・給料への満足度　・忙しさ

など、自分が仕事に求める要素を羅列し、それぞれを100点満点で数値化してみても面白いです。自分が今の職場に不満だ、という場合、「どれくらい？」と問うことがこれによって可能になります。過去最悪の職場と、過去最高に幸せだった職場と比べて、今どれくらいの位置にいるのかがわかれば、意思決定がしやすくなります。

もちろん、この数字だけで意思決定しようと言っているわけではありません。数値化してみて納得いかなければ、何かがおかしいというサインが出ているので、軽々しく決めない方がよいですね。

数値化を試みると必要なデータがわかる

　数値化を試みることだけでも意味があります。
　「これを決めるためにはどんな数字が必要なのか？」
　「その数字はどう解釈すればよいのか？」
がわかるからです。

　例えば、「うちの店はお客様に好かれているのか？」ということを知りたければ、来店しているお客様に、大好き・好き・どちらでもない・嫌い・大嫌い、などの5段階に分けて（さらに細かく7段階でも、どちらでもないを除いて4段階にしても構いません）聞けばいいですよね。
　さらに、「好かれているのになぜ売上が下がっているのか？」と考えると、競合の存在が思い浮かぶかもしれません。では、「あなたが一番よく行くお店と比べて、うちの店はどのくらい好きですか？」という、対競合での好意度を聞いた方がよいかもしれません。

　このように、**何でも数値化して、なぜ、なぜ、と突っ込んでいくことが仮説検証**です。マーケティングリサーチなどでも、このように考えていくと様々な設問・質問ができ、より原因に

第7章 論理×イメージ２：数値化＆グラフ

2 イメージ発想：グラフで「発想」する

① グラフ化して「イメージ発想」をする

グラフ化すると「目」でわかる

　ここまで「数字」の力について考えてきました。数字「だけ」で考えても、色々とメリットはありましたが、「グラフ化」すると、さらにパワフルになります。

「数字」と「グラフ」は、ワンセットのスキルだと私は考えています。数字の羅列とグラフでは、見ているモノは、基本的に同じものです。しかし、**グラフ化すると、数字の羅列よりはるかにわかりやく、イメージが刺激されます。数値化したらグラフ化する習慣をつけましょう。**今は、Excelなどの表計算ソフトでほぼワンタッチでグラフ化できます。グラフ化は意外に軽視されており、数字の羅列は結構見ます。それをグラフにするだけで、見え方が全く違います。

　次のページの数表を見てください。国勢調査で1925年〜2005年の、40年ごとの日本の年齢別の人口構成比の推移を見たものです。長期的に見て、日本の人口が高齢化しているのが

わかります…………でしょうか？

日本の人口構成の推移（数表）

	1925	1965	2005
0〜19歳	27,809,322	36,477,226	24,089,614
20〜39歳	16,619,462	33,441,660	34,121,285
40〜59歳	10,718,634	19,685,958	34,858,120
60歳以上	4,589,404	9,604,242	34,216,634

2005年国勢調査

　ぱっと見てはわかりませんね。ところが、グラフ化すれば、一目瞭然です（右ページのグラフ）。

　80年前の1925年には1割にも満たなかった60歳以上人口が、2005年では1／4以上になっています。

　そして、この40年間の高齢化は、その前の40年間の変化より急激であることもすぐわかります。第2次大戦で若い人を多く失った、と言われますが、それよりも戦後の高齢化の方が急速で、すさまじい構造変化が起こっていることが「イメージ」としてわかりますね。ビジネスに対するインパクトも大きいでしょう。**数字を手に入れたら、すぐにグラフ化しましょう。**

第7章　論理×イメージ２：数値化＆グラフ

> 日本の人口構成の推移（グラフ）

日本の人口構成の推移

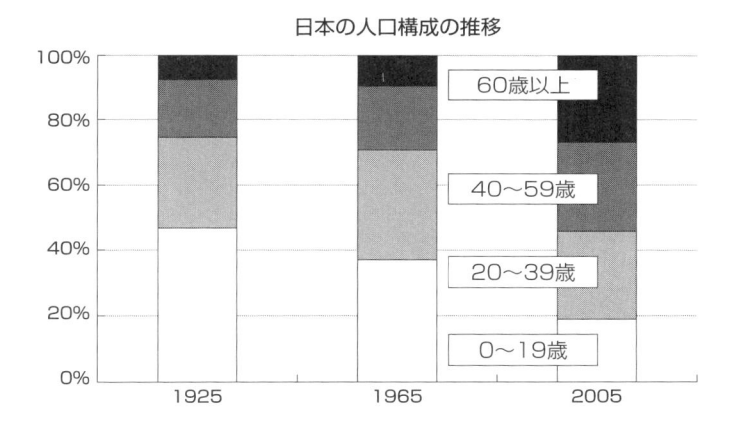

（グラフ：1925年、1965年、2005年の積み上げ棒グラフ。凡例：60歳以上、40〜59歳、20〜39歳、0〜19歳）

数値を視覚化してイメージ発想をする

　数値化すると、それで仕事が終わった気になり、「だから何だっけ？」という問いを忘れてしまいがちです。それを防ぐためにもグラフ化し、「これはどういうことか？」とその「意味」を考えていきましょう。数値化することの最大のメリットは、「グラフ化して視覚的にイメージできる」ことと言ってもよいかもしれません。

　数値化は論理思考です。そしてそれを「グラフ」にすることで、「イメージ発想」とアタマの使い方を変えていくのです。
　このグラフは、『ことわざで鍛えるマーケティング脳』（佐藤

グラフ化して発想する

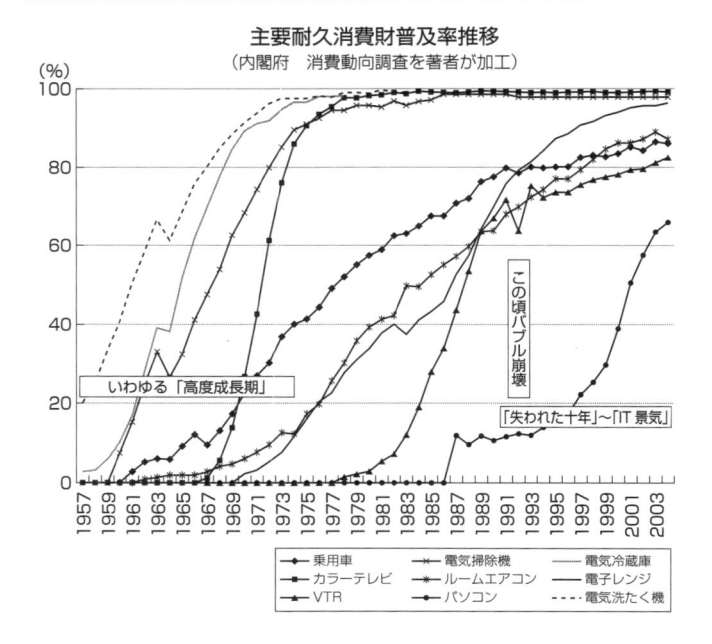

主要耐久消費財普及率推移
(内閣府 消費動向調査を著者が加工)

凡例: 乗用車、電気掃除機、電気冷蔵庫、カラーテレビ、ルームエアコン、電子レンジ、VTR、パソコン、電気洗たく機

グラフ中の注記: 「いわゆる『高度成長期』」、「この頃バブル崩壊」、「『失われた十年』〜『IT景気』」

義典著、マイコミ新書）という本で私が使ったグラフです。

カラーテレビ、掃除機、冷蔵庫など、三種の神器と呼ばれるようなものが一気に普及するのが、いわゆる高度成長期ですね。そして、1990年ごろ、バブルのピークを境目に乗用車を含め、いわゆる大型消費財はほぼ普及し、飽和したことがわかります。そして、バブル崩壊→失われた十年、と時代が進んでいくわけです。数字で見てもさっぱりわかりませんが、グラフ

化するとこのような様子が視覚でイメージできます。

　左のグラフから、私は次のような仮説を立てました。バブル崩壊後の失われた十年と呼ばれた「モノが売れない時代」は、このように、耐久消費財を含めた、モノが飽和した状態ではなかったのか、と。「失われた十年」とは、モノの飽和という時代・ニーズの変化に売り手が対応できなかった「人災」ではないか、という仮説です。グラフ化すると、このような仮説などが立てやすくなります。

　数値化したらすぐグラフ化、とセットで考えましょう。数値化で論理化し、グラフ化でイメージでとらえる、というこの論理とイメージのセットのスキルは大変に役立ちます。

❷ 考えるグラフと魅せるグラフ

　グラフを使う際にもコツがあります。「考えるグラフ」と「魅せるグラフ」の2つを使い分けるのです。

　自分で試しに考える段階では、とりあえず適当に色々グラフ化します。折れ線グラフ、棒グラフ、散布図、何でもいいです。Excel等の表計算ソフトで色々とグラフの形を変えてみます。これが自分が「考える」グラフです。このグラフは、粗製濫造で構いません。他人に見せることは前提としていないからです。

　何かの仮説・結論に達したら、他人にプレゼンする、など

の、他人に「魅せる」グラフを作ります。このときには、どのようなグラフをどう見せれば伝わりやすいか、を考えます。だまそう、ということではありません。目盛りを変えたりしてある部分を恣意的に強調して見せるグラフを作ることはよくないと思います。そうではなく、意図を正確に伝えて、より良い意思決定をするためには、折れ線で見せるのが良いのか、棒グラフが良いのか、などを的確に判断しましょう、ということです。

　そんなのは当たり前だ、と言われるかもしれませんが、そうでもありません。私はあるところで、ビジネスパーソンとしては相当レベルの高い方々を対象にマーケティングを教えています。しかし、そのような方々でも、グラフの作り方を誤っており、穏健に言っても「無頓着」です。恐らく、きちんと「魅せるグラフ」が作れる方は1割もいないのではないかと思います。逆に言えば、「魅せる」グラフが作れれば、それはビジネスパーソンとして大きな差別化ポイントになります。この機会に、基本を身につけておきましょう。

3　代表的なグラフ

　では、代表的なグラフについてご紹介していきましょう。

1 折れ線グラフ・棒グラフ

折れ線グラフは経年変化、棒グラフは違うものの比較

折れ線グラフは、「同じものの時間的な推移」を魅せるときに適しています。折れ線は、つながっている「イメージ」が強く出るからです。例えば、トヨタの営業利益率の経年推移を見る場合には折れ線グラフが適しています。

違うものを比べる場合には、棒グラフの方が適しています。違うものが折れ線でつながって見えると、違和感を感じます。トヨタと日産の利益額を比べよう、という場合には棒グラフが適しています。

トヨタ：売上高と営業利益率

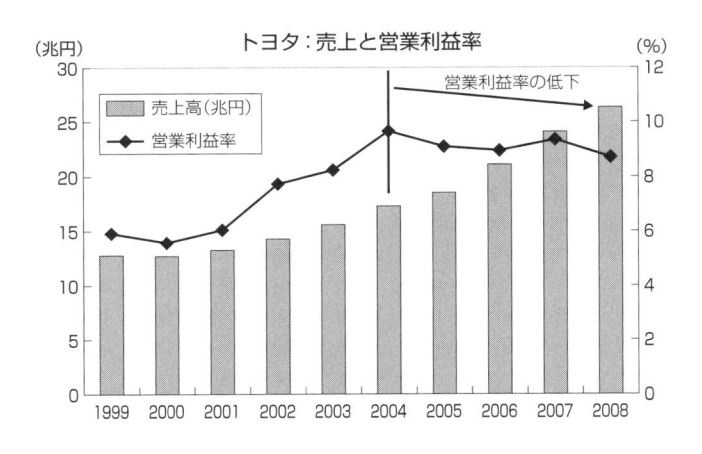

トヨタ：売上と営業利益率

トヨタの営業利益額と営業利益率の経年変化は前ページのグラフのようになっています。数字はすべてトヨタの2008年のアニュアルレポートからで、米国会計基準の数値です。同じものの時間的な推移ですが、「率」は折れ線グラフに、「額」は棒グラフを私は使うことが多いです。

　さて、ここからわかることは何でしょうか？　売上高（棒）は順調に伸び、世界を代表するエクセレントカンパニーと呼ばれるようになります。しかし、気になるのは営業利益「率」（折れ線）の低下です。2004年をピークに、下落し始めています。売上が上がっても、利益がでにくくなったのです。

　それでも売上は順調に伸び、利益額が兆単位の天文学的な数字だったので、営業利益率の低下はあまり騒がれませんでした。しかし、この間、損益分岐点売上高（利益がゼロのときの売上高）は確実に上がっていたのです。2006年は売上高が21兆円、営業利益額が1.9兆円ですので、ここまでは、売上が20兆円あれば黒字になる構造でした。しかし、営業利益率が下落しはじめる2004年以降、毎年損益分岐点売上高が上がっていたはずです。

　この状態で、2008年後半以降の金融危機に伴う世界的不況を迎えます。トヨタは2008年12月22日に業績下方修正をし、売上高は21兆円、営業利益額はマイナス4,500億円、という衝撃的な発表がされます。仮に2006年と同じ損益分岐点売上高だった場合、この21兆円という売上高はおそらく2兆円を超

える営業利益額をもたらしていたはずです。

2008年の年末〜2009年の年初のトヨタの業績の下方修正発表を見てみましょう。

2008年11月6日の業績予想修正
　　　売上高　　　25兆円　　　→　　23兆円
　　　営業利益　　1.6兆円　　　→　　0.6兆円

2009年2月6日の業績予想修正
　　　売上高　　　21.5兆円　　→　　21兆円
　　　営業利益　　▲0.15兆円　→　　▲0.45兆円（▲はマイナス）

この2つの発表から損益分岐点売上高を試算すると、計算過程は省略しますがどちらの修正においても2009年度の損益分岐点売上高は約21.8兆円になります。21兆円の売上で1.9兆円の営業利益があった2006年度と比べると3年間で固定費が急激に上がったことになります。

グラフを見ると、売上が上がっているのに営業利益率が下降している2005年以降のトヨタでは、損益分岐点が上がり続けていたことが直観的にわかります。さらに上記のように数値化することで、それが明白になるわけです。

費用の要素分解をするために損益計算書を見ると、減価償却費が急激に増えています。1999年から2003年は毎年9,000億円

以下ですが、2004年から増え続け、2008年には約1.5兆円に達します。これはおそらく設備投資で、2004年〜2008年の5年間で、アメリカで2拠点、ヨーロッパで3拠点、アジアで6拠点、と生産拠点が11増えています。2008年度末で53拠点ですから、2割以上の増加です。1999〜2003年の5年間では6拠点の増加ですので、それと比べても単純計算で2倍近くの投資です。これが固定費を上げ、損益分岐点売上高の上昇につながった、と数字を手がかりに読んでいくのです。

このようにグラフでイメージ的に捉えながら、では、その原因は……と定性・定量を交互に考えていくと、既にトヨタの利益構造は急激に脆弱化していたことがよくわかるのです（もちろんこれが後知恵であることは否定しません）。

2 円グラフ・%棒グラフ

円グラフは、1つのことについて、比率・割合を魅せるのに適しています。これは特に問題ないと思います。

しかし、私は円グラフを使うことはほとんどありません。グラフ化するときには、他の何かと比較するとより色々なことがわかります。例えば過去と比較したり、他社や他製品と比較し、思考を深めるのです。

そのときに、円グラフを2つ並べるよりは、「%棒グラフ」を使った方がわかりやすく、Excel等でもすぐできます。%棒

第7章 論理×イメージ２：数値化＆グラフ

日本の人口構成の推移（%棒グラフ）

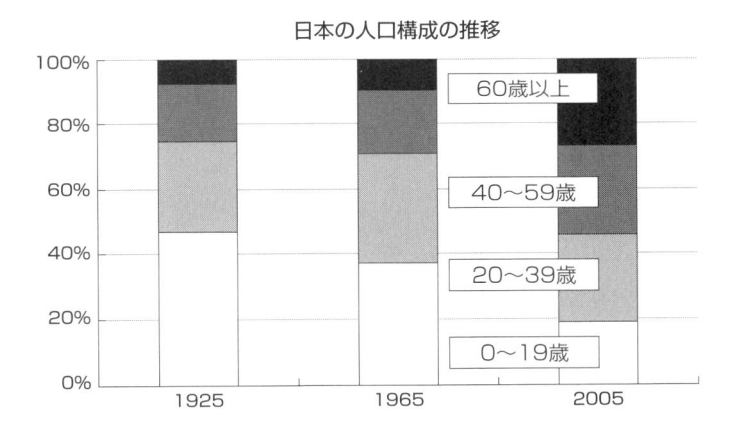

日本の人口構成の推移

- 60歳以上
- 40〜59歳
- 20〜39歳
- 0〜19歳

グラフという呼び方は一般的ではないかもしれませんが、決まった名前もないようですのでそう呼ばせていただきます。%棒グラフは上の「日本の人口構成の推移」のグラフのようなものです。全体の大小にかかわらず、**「構成比の変化」を魅せたいときに**適しています。

そして、次ページに示したのが実数を使った棒グラフです。

同じ棒グラフでも、%棒グラフと実数棒グラフは違った「イメージ」を与えます。実数棒グラフからは、19才以下人口が1925年より減り、60才以上人口はかつてない数になっていることがわかります。**実数棒グラフは当然実数がわかりますので、構成比よりは実数の変化を魅せるのに**適しています。

247

日本の人口構成の推移（実数棒グラフ）

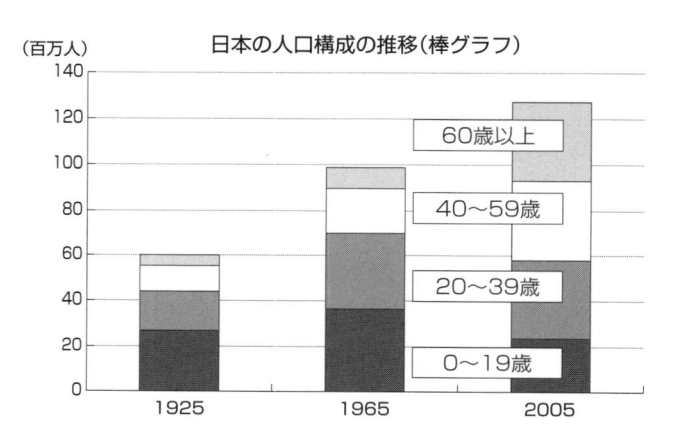

（百万人）　日本の人口構成の推移（棒グラフ）

- 60歳以上
- 40～59歳
- 20～39歳
- 0～19歳

1925　1965　2005

3 散布図

　便利なのに意外と使われないのが散布図です。使われない理由の1つに、Excelなどでの作りにくさがあります。散布図を「魅せるグラフ」としてきちんと作るのは結構大変ですが、「考えるグラフ」としてなら簡単にできますので、ぜひ使ってみましょう。

2つの軸をイメージで表現できる

　散布図の利点は、2つの違う軸を2次元で視覚的に表現できることです。まさに「イメージ発想」に適したグラフです。

自動車業界：売上VS利益率

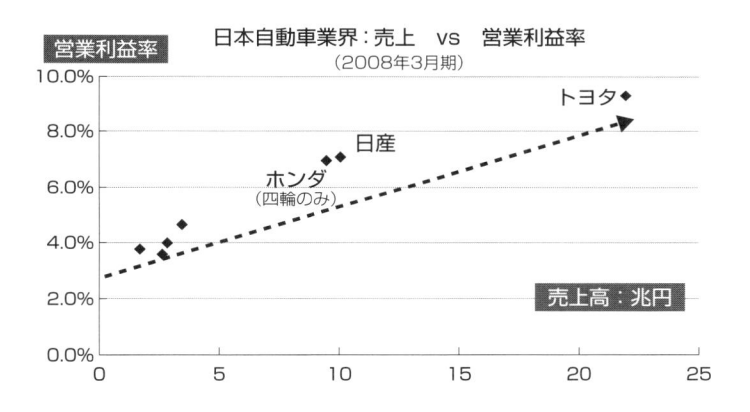

日本自動車業界：売上 vs 営業利益率
（2008年3月期）

（グラフ：ヨコ軸 売上高：兆円、タテ軸 営業利益率。ホンダ（四輪のみ）、日産、トヨタがプロットされている）

　例えば、上のグラフは自動車会社の売上をヨコ軸に、営業利益率をタテ軸にとったものです。タテ軸は、営業利益「額」ではなく、「率」です。「額」は、売上が大きければ大きくて当然ですので、比較するときには、「率」で見た方がよさそうです。このように、どの数字をとるか、というのも数値化・グラフ化する上での重要なポイントです。

　ここからわかることは、自動車メーカーは、売上が大きいほど営業利益「率」が高い、ということです。規模の経済の論理が背後で働いている、ということが容易に推測できます。このようなことが一目瞭然で「イメージ」としてわかるわけです。すると、この業界では下位メーカーの合併が近いうちに起こる

かもしれない、などと考えていきます。ただ、これは2008年3月期の決算で、2009年3月期の決算は大分違ったものになるでしょう。

ちなみに、グラフの左上の方に、トヨタより遥かに利益率の高い会社があります。日本のメーカーではありませんが、誰でもご存じのメーカーです。それは、ポルシェです。すると、この直線から外れる異常値が存在する、ということです。そしてそれはなぜだろう、と考えていくわけですね。ポルシェは、このような日本メーカーとは競合しない、別の「戦場」で戦っているのではないか、日系のメーカーの戦場が「移動手段」であれば、ポルシェの戦場は「アクセサリー」ではないか、と考えていきます。そこから、ポルシェのユーザーの年収やライフスタイルを調べたり、イメージ発想に戻して、ポルシェのユーザーはどんな人か、と静止画イメージをしたり、と他のスキルで考えていくのです。

要素分解をグラフ化

散布図は、2つの軸を1つのグラフで表現できます。ですから、**要素分解でやった「四則演算」をグラフ化すると、「要素分解」した数字をグラフ化できます**。

例えば、売上＝客数×客単価、と要素分解できますね。売上の推移をグラフ化するだけでなく、一旦分解してからグラフ化すると、色々とわかることがあります。ここでは、客数×客単

マクドナルド　客数×客単価

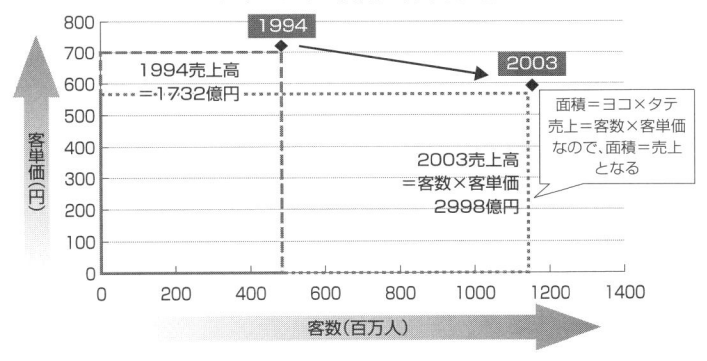

マクドナルド：客数と客単価の推移

グラフ中の注記：
- 1994売上高 = 1,732億円
- 2003売上高 = 客数×客単価 2998億円
- 面積＝ヨコ×タテ　売上＝客数×客単価　なので、面積＝売上となる
- 縦軸：客単価（円）、横軸：客数（百万人）

価の散布図を見てみましょう。

　上のグラフは、マクドナルドが以前HPで公開していた1994年から2003年までの客数・客単価の推移です。残念ながらこの後は客数・客単価の数字を公開していないようです。

　1994年から2003年にかけ、売上高は1,732億円から2,998億円へと大幅に増加しています。その貢献要素を客数と客単価に分解すると、客数は4.8億人から11.5億人へと増加する一方、客単価が717円から598円へと低下しています。

　長方形の面積＝タテ×ヨコ＝客数×客単価＝売上、です。すなわち、**長方形の面積が売上の大きさであり、長方形の「カタチ」が売上の「構造」を表しています**。このように、売上の構

造を視覚で「イメージ」しやすく表現できるのです。マクドナルドの売上の伸びは、客単価ではなく客数の増加によるものだったことが一目でわかります。やはり、同時期に店舗数が1,169店から3,773店へと3倍以上に伸びています。

　売上を伸ばすには、客数を伸ばすか、客単価を上げるか、しかありません。両方とも上げることは通常の競合状況では難しく、客単価を上げれば客数は犠牲になります。**客数か客単価のどちらを求めるかは戦略次第ですが、その戦略は、このグラフ上では右に行くか、上に行くか、となります。このグラフの上で戦略を議論できるのです。このように数値をグラフ化し視覚的にイメージしやすくすれば、議論がしやすくなります**（ちなみに、客数×客単価の数字と売上額は一致しません。その理由はマクドナルドさんでなければわかりません）。

　さらに「客単価」を「要素分解」していくと、第1章の要素分解でご紹介した「売上5原目」のように、

・購買頻度の増加
・購買点数の増加
・商品単価の向上

の3つになります。客単価をつっこんで見ていく場合には、この数字をグラフ化していくのです。
　お気づきの通り、「**要素分解**」の「**四則演算**」と「**グラフ化**」

は、**相性が良い**のです。例えば競合商品と「使いやすさ」を比較するとします。まず「使いやすさ」を要素分解します。

例えばデジタルカメラにおける「使いやすさ」は、
・使い方がわかりやすく誰にでも使える
・反応速度が早く快適
・画面が大きく見やすい

などでしょうね。数値化の手法はそれぞれ違うでしょう。「使い方のわかりやすさ」なら、ユーザーの主観的な意見を集計して数値化するでしょうし、「反応速度」なら、物理的に計測して平均値を取るでしょう。そしてそれを競合と比べて、自社の「強み・差別化」を数値で比較し、散布図にすれば、商品開発や広告・販促に意味があるグラフになるかもしれません。本書の7つのスキルは、単独でも成立しますが、組み合わせて使うと非常に強力なのです。

④ 面積グラフ

最後にご紹介するグラフは「面積グラフ」です。これも「量率グラフ」など、色々な呼び方があるようですが、ここでは「面積グラフ」と呼ぶことにします。これは、次ページにあるようなグラフです。

このグラフは、2006年の家計調査をもとに、日本の世帯が世帯主の年代別に1ヶ月に消費する金額とその使途を表現した

世帯主年代別月間支出額

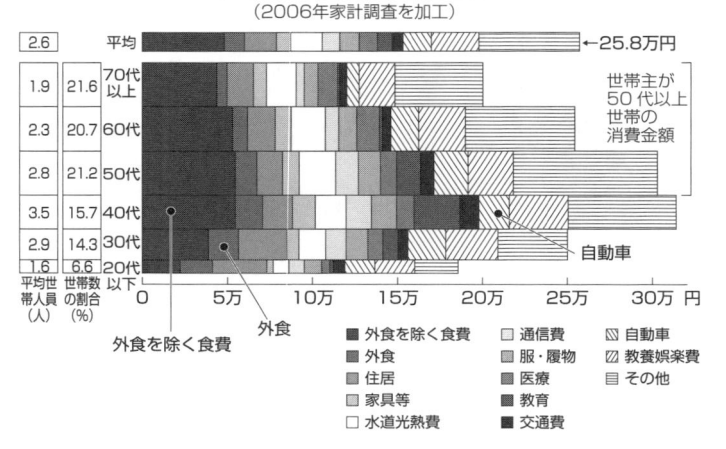

世帯主年代別月間支出額(円)
(2006年家計調査を加工)

平均世帯人員(人)	世帯数の割合(%)	年代	
2.6		平均	←25.8万円
1.9	21.6	70代以上	
2.3	20.7	60代	世帯主が50代以上世帯の消費金額
2.8	21.2	50代	
3.5	15.7	40代	自動車
2.9	14.3	30代	
1.6	6.6	20代以下	

外食を除く食費　外食

凡例:
- 外食を除く食費
- 外食
- 住居
- 家具等
- 水道光熱費
- 通信費
- 服・履物
- 医療
- 教育
- 交通費
- 自動車
- 教養娯楽費
- その他

ものです。世帯平均は25.8万円です。消費支出ですので家のローンなどは含まれませんが、これが1世帯が使う全ての消費金額です。年間（12ヶ月）では約310万円となります。

一番上の横棒が全世帯平均（25.8万円）です。ヨコの長さは消費金額に、タテの長さはその世代の世帯数に比例して作っていますので、面積の大きさが全体の消費金額に比例します。**面積が大きいほど、その世代の支出規模（＝市場規模）が大きい**ということです。日本の家庭の消費支出額は、圧倒的に世帯主が50代以上の世帯で占められていることが視覚的にイメージでわかります。ただ、この統計は年配世帯に若年層が同居して

いる場合は年配世帯の消費にカウントされますのでその点はご注意ください。

　さらに支出の内訳も視覚的にわかります。一番左の部分が「外食を除く食費」ですが、「その他」を除くと食費が圧倒的に消費金額が多いことがすぐわかります。そのすぐ右が「外食」です。外食というと20代が消費の主軸と思われるかもしれませんが、20代は全世帯の中で一番小さい面積（＝金額）です。世帯当たり消費額は20代が一番大きいのですが、世帯数が圧倒的に少ないためにそうなります。自動車（関連消費含む）への支出金額の大きさも実は50代、60代、40代の順で、もはや若者のマーケットではないことがわかります。すると、自動車メーカーの課題は50～60代の方向けのクルマの開発・販売だ、ということがすぐイメージでわかります。

　このグラフは、日本のGDPの半分を占める個人消費の「戦場」を1枚の絵にしているともいえます。そして、個人消費を狙う企業は、グラフの上のどこかの「戦場」で戦っているわけです。医療費などは高齢者がメインの戦場ですね。私のこの本は、30代～40代の教養娯楽費「戦場」からの支出ではないでしょうか？

　戦略BASiCSでも紹介したように、戦略を考える際には「戦場の定義」が極めて重要になります。そのときにこのような「戦場マップ」を視覚的に描くことは非常にお勧めできます。

BtoCであれば、お客様のどの財布（支出）を巡って戦っているのか、このボード上でさながらゲームのごとく議論できます。この「戦場マップ」上に、定性的な情報を書き加えていきましょう。静止画イメージで、30代と40代の顧客特性や、利用場面の違いを書き加えるのです。

　そして、どこの戦場で戦うかが絞られれば、その戦場をさらに要素分解します。40代の「外食」戦場で戦うのであれば、40代の外食動向を数値化し、そこにズームインするかのような拡大図を再び面積グラフで書き、それを「戦場マップ」として使うのです。

　この面積グラフも、「数字」という論理スキルを、「グラフ化」して視覚化し、「イメージ」しやすくしています。数字とグラフはセットにして考える、という意味がおわかりいただけるかと思います。これで「論理思考」と「イメージ発想」が直結できるのです。

　グラフ上で論理スキルとイメージスキルを重ね合わせていくと、数字を検証しながら、同時にその背後にある顧客の姿・ニーズを考える、という論理とイメージの融合ができるのです。これは単純ですが、極めて高度な分析手法です。

　このように、同じような数字を持っていても、**どの数字をどのようなグラフで見せるか、によって、得られる情報、発想の**

豊かさ、伝わりやすさ、などが全く違うことがわかります。**数字や状況に応じて適したグラフを使うと、数字からの思考が深まり、発想が広がります。**さらにそこに６つの論理スキルとイメージスキルを加えていけば、**論理的に正確で一貫性があり、かつイキイキとしたライブ感・肌感覚に富んだ思考・発想が**いつでもできるようになるのです。

　７つの思考・発想スキルを組み合わせて使えば、あなたの思考力・発想力は飛躍的に高まります！

まとめ：7つの思考スキル・発想スキル

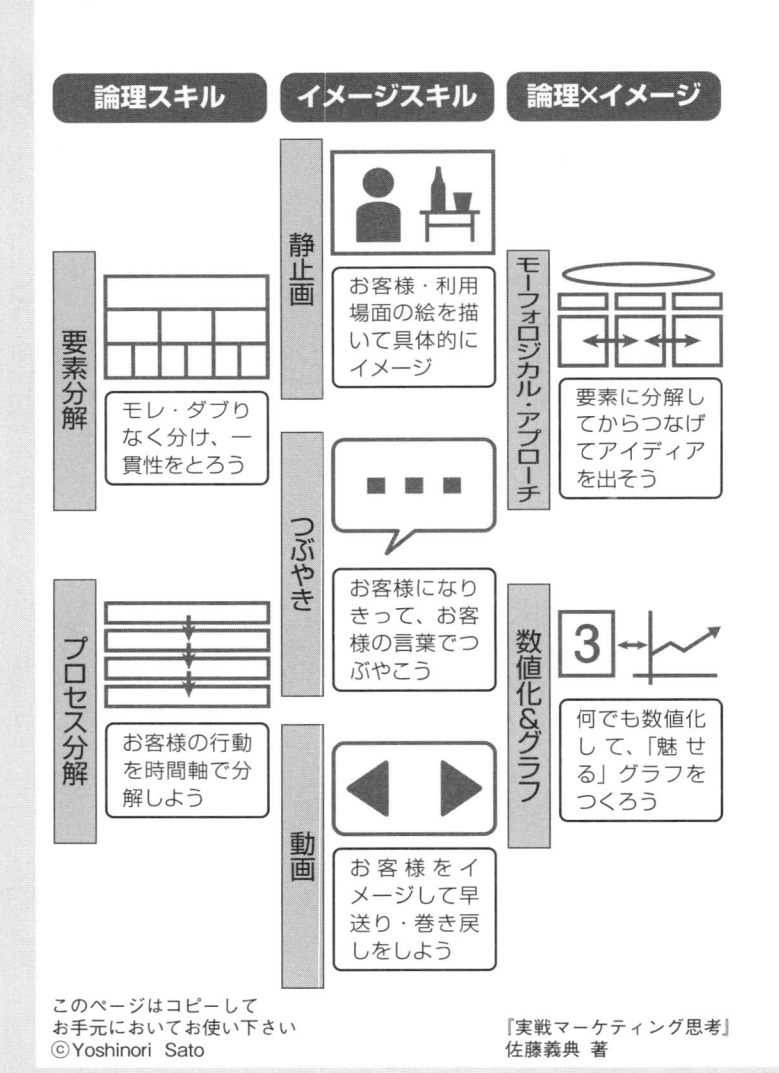

論理スキル

要素分解
モレ・ダブりなく分け、一貫性をとろう

プロセス分解
お客様の行動を時間軸で分解しよう

イメージスキル

静止画
お客様・利用場面の絵を描いて具体的にイメージ

つぶやき
お客様になりきって、お客様の言葉でつぶやこう

動画
お客様をイメージして早送り・巻き戻しをしよう

論理×イメージ

モーフォロジカル・アプローチ
要素に分解してからつなげてアイディアを出そう

数値化＆グラフ
何でも数値化して、「魅せる」グラフをつくろう

このページはコピーしてお手元においてお使い下さい
©Yoshinori Sato

『実戦マーケティング思考』
佐藤義典 著

7つのスキル！ 本書での紹介の順番

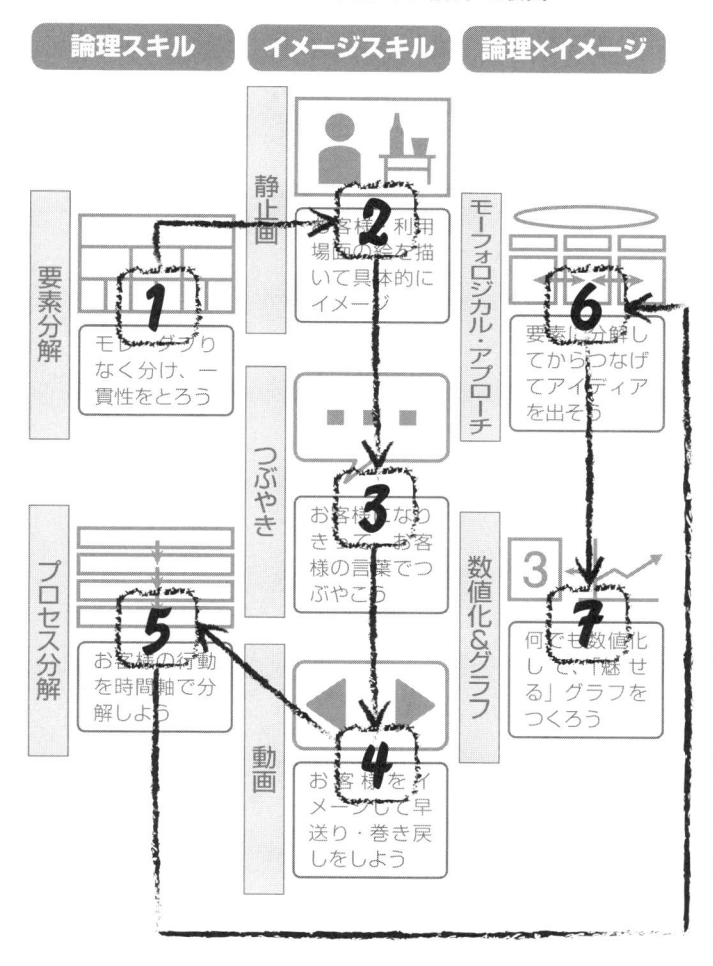

論理スキル　**イメージスキル**　**論理×イメージ**

要素分解
1. モレなくダブりなく分け、一貫性をとろう

静止画
2. お客様・利用場面の絵を描いて具体的にイメージ

つぶやき
3. お客様になりきってお客様の言葉でつぶやこう

動画
4. お客様をイメージして早送り・巻き戻しをしよう

プロセス分解
5. お客様の行動を時間軸で分解しよう

モーフォロジカル・アプローチ
6. 要素に分解してからつなげてアイディアを出そう

数値化&グラフ
7. 何でも数値化し、「魅せる」グラフをつくろう

おわりに

　お疲れ様でした！　これであなたは７つのスキルの全てを獲得しました。思考力・発想力は天性のもののように思われるかもしれませんが、このようなスキルの使い方です。７つのスキルを最初は１つずつ、そのうち縦横無尽に組み合わせて使えるようになれば、あなたの思考力・発想力は飛躍的に向上しています。

　もちろん、この７つの思考発想スキルが全てだとは思っていません。それでも、ここまで体系化して文字で書かれた思考・発想スキルというのは世界的にもそう無いのではないかと密かに自負しています（もしあったら、ぜひ教えてください）。もともと発想力の無い私が四苦八苦しながら積み上げてきたスキルとノウハウの塊です。

　残念ながら、万能な道具というものはありません。文房具にも大工道具にも、色々な道具がありますが、TPOに応じて適切な道具を選んで使うことが大事です。それは、試行錯誤と経験で磨かれていくモノです。だからこそそれがあなたの「独自資源」となります。ぜひ色々と使ってみてください。

「考え方」を「考える」

　７つのスキルを使う際のポイントは、「考え方を考える」ことです。パソコンで言う「メモリ管理ソフト」のようなもので

おわりに

す。今この原稿をパソコンで書いている間にも、文書ソフトの裏で「メモリ管理ソフト」が動いており、パソコンの負荷が大きくなるとメモリを開放します。つまり、パソコンの動き方を監視しているのです。人間のアタマも同じで、今この原稿を書きながらも、自分は今論理思考で考えているのか、イメージ発想で考えているのかを、アタマのどこかで監視しています。

そして、論理思考モードとイメージ発想モードは明確に切り替えます。「よし、じゃあ静止画で考えてみよう」と切り替えます。私の経験では、慣れてくると静止画・つぶやき・動画の境目は無くなります。静止画がイメージできれば、勝手に動き始めます。逆に、それができないときは、論理的な情報が足りないときなので、論理思考モードに切り替え、要素分解などに戻ります。私の場合はアタマの中で「じゃあ要素分解しよう」とつぶやくことが切り替えのスイッチになります。「一貫性」を司る論理思考と、「具体性」を導き出す「イメージ発想」の、どちらのモードに自分がいるのかを常に考えましょう。

また、自分がどのようなときにどちらの思考・発想モードにいるのかを知りましょう。私の場合は、夜、特に深夜は根を詰めて考える整理の時間、論理思考に向いています。朝〜昼は、発散して考えるイメージ発想に向いているようです。そのようなことも知っておくと、自分のアタマの動き方の変化に合わせて、思考モードを切り替えて思考を効率化できます。

重要なのは論理スキルとイメージスキルの「やりとり」

重要ですので何度も繰り返しますが、重要なのは論理思考とイメージ発想のやりとりです。相互に補完関係にあります。

- 論理→イメージ：論理思考の後には、イメージ発想で肌感覚的現実感をチェック
- イメージ→論理：イメージ発想の後には、論理思考で事実の正確性・一貫性をチェック

という「やりとり」を繰り返すと、思考が深まり、発想が広がります。このやり方に慣れると、論理とイメージが融合し、スパークするような瞬間があります。一点にギュッと収束した後ですぐに猛烈に拡散するような感覚で、まさに「神様が降りてきている」感覚が（たまにですが）味わえます。

私の1つの「強み・差別化」は、戦略BASiCSのような極めて論理性・抽象度の高いフレームワークを構築できる自分と、本書のような過激なまでの肌感覚・具体性を考える自分の2人が同じ人間の中に同居していることです。

一般的には、得手不得手があると言われます。私はディベートをしていたことも手伝って、20代の頃までは論理思考に偏っていたタイプでした。イメージ発想は苦手分野だ、と思いこんでいました。

しかし、苦手なのではなく「やり方を知らない」だけだった

ということが最近やっとわかりました。論理思考については、この十年くらいで世間に広まりました。しかし、「絵で考えよう」とか「動画を動かそう」などのある意味「突飛」な手法を体系的かつ具体的に解説されたことはほとんどなかったと思います。動画イメージなどは当然20代の頃はできませんでしたが、色々とイメージが自然に蓄積されてきた30代半ばになって、いつの間にかある程度できるようになっていたのです。この学習プロセスは、意識化することによって上達を早められると思います。静止画イメージは慣れればすぐできます。自分でイメージできなくても、利用場面の写真を撮ったり、実際に見せてもらえばそれが一番正しい「イメージ」です。私は動画イメージがそこそこ使えるようになるまでには十数年かかっていますが、恐らくは2〜3年で自由自在にできるようになると思います。1ヶ月でできるようにはならないと思いますが、それでは誰でもできてしまい、「独自資源」になりませんのでちょうどいいくらいかと思います。

感度の高いアンテナを持ち、ライブラリーを蓄積する

　論理思考は、慣れれば誰でもある程度できますが、イメージ発想にはライブラリーの蓄積が必要になります。知らないことはイメージできませんので、日頃から蓄積しておきましょう。

　難しいことをする必要はありません。朝早く起きて違うことをする必要もありません。私たちの毎日の生活を見たり聞いたりする「感度」を高めるのです。

自分はなぜこの商品を買ったのか、その店に行ったのか、というのは、まさに自分の「動画」の実体験です。例えばあなたはどのようにこの本を手に取り、お買いになられたのでしょうか？　それをプロセス発想で分解して、「そうか、自分はこの競合商品と無意識に比較して、こういう理由で決めたんだった」と言語化するのです。また、家族が買ってきた商品をどう使い、どう満足する・不満を持つかをつぶさに観察し、適宜質問すればよいのです。私が、このような手法が使いこなせるようになった秘訣があるとすれば、それは「自分観察」です。自分の心のつぶやきをメモし、言語化するのです。人間の心理の根っこはみな同じです。寒いから服を着る、疲れたからお酒を飲む・甘いモノを食べる、などはそう変わるものではありません。自分の考え・行動を事細かに観察すればよいのです。

最終的には「自分の７つ道具」を！

　最後になってこれを言うのははばかられますが、本書のスキルは、あくまでも私という一個人の方法論です。現段階の私ではこれが最良だと考えている、というだけです。私もまだ進化中ですから５年後には違うことを言っているでしょう。

　人それぞれの考え方の方法論があって良いと思います。それが、自分の「独自資源」になります。この７つのスキルを自分独自の思考・発想スキルを生み出す出発点として使い、応用してみて、自分なりの考え方を持つ（守・破・離ですね）というのが良いかと思います。最終的には、あなたの、あなたによ

る、あなたのための思考・発想スキルができるのが一番良いと思います。そのための一助になれば嬉しいです。その暁にはあなたのスキルをぜひ教えていただければ嬉しいです。

今後の参考資料

最後に、思考力・発想力をさらに鍛えていくための参考資料として、私の他の著書を紹介しておきます。

論理スキルの「要素分解」では、「切り口」の重要性を繰り返してきましたが、マーケティングで実際に私が使っている実戦的な切り口は、**『図解　実戦マーケティング戦略』（日本能率協会マネジメントセンター）**で紹介しています。本書に出てきた戦略BASiCS、マインドフロー、売上5原則などについて詳細に解説しています。「戦略」の体系的切り口である戦略BASiCSや3つの差別化軸は、**『経営戦略立案シナリオ』（かんき出版）**で詳細に紹介しています。思考・発想スキルを使う際の「切り口」のネタになると思います。

私が実際につぶやきイメージや動画イメージを使って書いた（描いた）小説形式の本が2冊あります。マーケティング理論の基本書が**『ドリルを売るには穴を売れ』（青春出版社）**、マーケティング戦略の本が**『白いネコは何をくれた？』（フォレスト出版）**です。この本を読みながら動画をイメージしてみると、良い練習になります。本書と合わせてご覧ください。

また私のメルマガ「売れたま！」では週2回マーケティング

の「考え方」が無料で届きます。www.mpara.com/mag.htm からご登録いただけます。あわせてご活用ください。

思考力・発想力は天からの贈り物

「我思う、ゆえに我あり」と喝破したのはデカルトですが、考える、ということは人間の最も偉大な営みの1つだと思います。人間は生物としては食べて育って産んで死ぬという他の動植物と同じ存在ですが、「考える」という行為ゆえに人間足りうるのではないかと思います。

冒頭に宇崎竜童さんの「天から降ってくる」という表現を紹介しましたが、私は思考・発想する、という行為はまさに「天からの贈り物」だと思います。だから私は「考える」ということをとてもとてもとてもとても大切にしたいのです。だからこそ、私は「考える」ことについて真剣に「考えて」来ましたし、そのためにこのような考える「体系」や思考ツールを生み出し、各所で公開してきたのです。戦略を「考える」ためには恐らく現状において一番使いやすいツール、戦略BASiCSもそうやって生み出され、愛され、洗練されてきました。

「考える」チャンスを仕事や人生で与えられることは、厳しいことかもしれませんが、それは同時に、大変幸せなことだと思うのです。ぜひ「考える」ことを楽しんでいただき、そしてそれが実りある仕事、豊かな人生につながれば、著者としてこれ以上の喜びはありません。あなたのご活躍をお祈りしています！

おわりに

謝辞

　本書で私の著書は8冊目になりますが、今回も様々な方のご協力をいただき、本当にありがとうございました。ここに感謝の意を込めてお礼を申し上げたいと思います。

　まずは、本書の出版社、日本能率協会マネジメントセンターの根本浩美様。本書の姉妹書にして、戦略BASiCSを初めて世に出し、現在も順調に増刷が続く『図解　実戦マーケティング戦略』以来、長いおつきあいをいただいています。今回も自由に書かせていただき、ページ数の許す限りにおいて私の想いのたけを読者の方に伝えることができたと思います。

　次に、イラストを描いてくれたコッコロさん。私のワガママにも文句を言わずに、わかりやすい絵を描いていただき、ありがとうございました。

　それから、数々の先輩、友人の方々。早稲田大学の藤井正嗣教授には、日頃から数々のアドバイスをいただいております。経営者連邦の小笠原昭治さん及び経営者連邦に属する経営者の方々にも、色々な気づきをいただいております。KTマーケティング株式会社の土屋浩二氏とはお互いに激務の中、定期的にディスカッションをさせていただいていますが、様々な学びがあります。ウォートンMBAの同期生でもある、束原俊哉氏には様々な助言をいただき、私の理論形成に非常に深みのある示唆となり結実しています。MBA Solution, Incの安部徹也氏とは、お会いする度に「私も頑張らなければ」という刺激をい

ただいています。私が何とか歩みを止めず、遅々としながらも前進を続けていけるのは、この方々の温かくときには厳しい励ましとアドバイスのおかげです。ここであらためてお礼を申し上げたいと思います。

さらに、私が経営するコンサルティング会社、ストラテジー＆タクティクス株式会社（Ｓ＆Ｔ）のクライアントの皆様。守秘義務のために名前をあげることができないのが残念でなりません。本書の思考スキル・発想スキルは、クライアントの方々とマーケティング・販売・営業の現場で共に深く悩み、激しくディスカッションした多くの経験・時間から培われたものです。そして、皆様がそのスキルを現場で実際に活用して成果をあげているからこそ、こうして自信を持って世に出すことができます。

また、本書や私のメルマガ「売れたま！」（www.mpara.com/mag.htm）でご紹介させていただいている、数々の会社のビジネスパーソンの方々。日本の社会は、必死で商品を考え、高品質・低コストで生産・改善し、営業・販売される方々のおかげで成り立っています。その背後には様々な努力があるでしょうし、おかげで私たちの生活が物的・心的に豊かになると同時に、思考スキル・発想スキルを鍛える上で、大変役に立ちます。また、それに対して多くのフィードバックをいただく、約２万人の「売れたま！」の読者の皆様。本書のスキルは、「売れたま！」を通じて鍛えられた部分も多くあります。週２回、「売れたま！」を出し続けられるのも、読者の皆様の励ましや感想のお言葉があるからです。その言葉は私の強力な

おわりに

エネルギー源になっています。

　皆様の励ましが私の心的なエネルギー源ならば、私の物的なエネルギー源はカフェインです。本書の原材料はエスプレッソと言っても良く、私のオフィスからほど近いスターバックスK店にはお世話になっています。本書で紹介しているスキルを使うときは、大変集中力が必要となります。温かみのある応対とおいしいカプチーノのお陰で、集中できます。本書のかなりの部分はそちらで執筆されています。いつも長時間居座ってしまい、申し訳ありません（お金は大分使っていますが……）。

　それから、私の妻、恵子。佐藤義典の数々のマーケティング理論の最も忠実な実践者として成果を出し、成長し続けているのは賞賛と驚嘆に値します。理論体系の構築にあたって、実際の成功例となっているのは、大変ありがたく、ここにあらためて感謝したいと思います。

　そして、ここまでお読みいただいたあなた。本当にありがとうございました。思考には誰でも得手不得手があります。社会がどちらかに振れすぎると、あまりよくないと思います。思考力と発想力、左脳と右脳、両方がきちんと使える人が増えれば、日本はより住みやすく、より優しく、より強く、より良い国になっていくと思います。日本をより輝ける国にするため、共に頑張っていきましょう！

　　エスプレッソショットを追加したソーイカプチーノを飲みながら
　　　　　　　　　　　　　　　　　　　　　　　　佐藤義典
　　＊会社名、肩書きなどはすべて2009年2月当時のものです

佐藤義典（さとう　よしのり）

マーケティングコンサルティング会社、ストラテジー＆タクティクス社代表取締役社長。米国ペンシルベニア大ウォートン校ＭＢＡ（2008ＦＴ紙ランキング世界１位、経営戦略、マーケティング専攻）。中小企業診断士。ＮＴＴ、外資系メーカーのブランド責任者、外資系エージェンシーの営業ヘッド、コンサルティングヘッドを歴任。超大手不動産会社、世界最大級生産機器メーカー、化粧品メーカーなどのコンサルティング実績がある。

実戦的で効果の高いコンサルティングには定評がある。豊富な現場経験と理論体系に基づく企業研修（経営戦略、マーケティング、企画力など）はわかりやすく実戦的と好評でリピート率が極めて高い。２万人が購読する人気マーケティングメルマガ「売れたま！」（www.mpara.com/mag.htm）の発行者としても活躍中。ディベートのエキスパートでもある。

著書●

『図解 実戦マーケティング戦略』
『マーケティング戦略実行チェック99』
（ともに日本能率協会マネジメントセンター）
『経営戦略立案シナリオ』（かんき出版）
『ドリルを売るには穴を売れ』（青春出版社）
『ことわざで鍛えるマーケティング脳』（マイコミ新書）
『白いネコは何をくれた？』（フォレスト出版、アマゾン和書１位）
などがある。

研修・コンサルティングの詳細・ご依頼は
ストラテジー＆タクティクス株式会社
www.sandt.co.jp
著者連絡先：y.sato@sandt.co.jp まで。

実戦マーケティング思考

2009年3月30日	初版第1刷発行
2011年10月25日	第5刷発行

著　者——佐藤義典
　　　　　　©2009 Yoshinori Sato
発行者——長谷川隆
発行所——日本能率協会マネジメントセンター
〒105-8520 東京都港区東新橋1-9-2　汐留住友ビル24階
TEL 03(6253)8014(編集)／03(6253)8012(販売)
FAX 03(3572)3503(編集)／03(3572)3515(販売)
http://www.jmam.co.jp/

装　丁—————冨澤　崇（EBranch）
本文DTP————株式会社マッドハウス
印刷所—————シナノ書籍印刷株式会社
製本所—————株式会社三森製本所

本書の内容の一部または全部を無断で複写複製（コピー）することは、法律で認められた場合を除き、著作者および出版者の権利の侵害となりますので、あらかじめ小社あて許諾を求めてください。

ISBN 978-4-8207-1744-7　C2034
落丁・乱丁はおとりかえします。
PRINTED IN JAPAN

JMAM 好評既刊図書

使える戦略は数値化できる!
図解　実戦マーケティング戦略

佐藤義典　著
四六判272頁

数値に基づいてマーケティング戦略を立案するツールが【戦略ピラミッド】。数値化することで、マーケティング目標が具体的になる。「理論」とその「実戦」で使う方法が事例や図解でみるみるわかる。

理論を実行可能にするチェックポイント
マーケティング戦略実行チェック99

佐藤義典　著
Ａ５判248頁

戦略を数値化し、戦術を確認、そして戦略と戦術に一貫性があるかを99のチェックポイントを確認することで、独自のマーケティング戦略が策定できる、これまでにないマーケティングの実践書。

日本能率協会マネジメントセンター